大学のメソッドで

ゼロから

宅建士

ベーシックブック

②権利関係

明海大学 不動産学部 編著

住宅新報出版

はじめに

　宅建士は、不動産関連の仕事に就いている人だけでなく、一般の人にも人気の高い国家資格です。取得すれば、就職や転職活動でも大いに役立ちます。

　私たち明海大学 不動産学部では、1・2年次の学生に宅建士の資格取得のための指導を行い、これまでに多くの学生を合格に導いてきた実績があります。将来、不動産の専門家として活躍するには、宅建士試験に合格できるだけの法律などの知識が必要、という考えから、基本から徹底的に教えることで、宅建士試験にも合格できるレベルの学力まで引き上げるようにしているのです。

　この『ゼロから宅建士 ベーシックブック②権利関係』は、これまで学生への指導で得たノウハウをフルにいかし、基本からしっかり理解できるくわしい解説と、楽しくわかりやすい図表を取り入れてつくりました。初学者の方でも宅建士試験合格に必要な知識をムリなく習得してもらえる内容となっています。

　合格はあくまでもスタートラインです。将来、宅建士として活躍するうえで、試験勉強で得た知識が大きな支えとなってくれるはずです。みなさんが、この本を活用して、合格を勝ち取られることを心よりお祈り申し上げます。

2023年 11月

明海大学 不動産学部長　中城康彦

宅建士試験のスペシャリスト、たっけん先輩とまいまい先輩

たっけん先輩

宅建士の資格をもっている。不動産全般の知識が豊富で、なかでも建築基準法が大好き。

まいまい先輩

宅建士の資格をもっている。不動産取引だけでなく、民法にも詳しい。

将来立派な宅建士になるために、
勉強をはじめたばかりのカエルくんとスズメちゃん

カエルくん

実家の不動産屋を継ぐために、不動産学を学んでいる。宅建士を目指している。

スズメちゃん

住まいに興味があり不動産学を学んでいる。宅建士試験の勉強をはじめたばかり。

■まずは基本をしっかり学ぼう！

宅建士試験に合格するには、まず基本を理解し、問題を解く力をつけることが大切です。この本では、難しいと思われがちな法律をやさしい言葉で、そして図やイラストをたくさん用いて、目で見て理解を深められるように解説しています。知識の定着をはかるために、テーマにあわせた重要な過去問も取り入れました。カエルくんやスズメちゃんたちと一緒に、合格を目指してがんばっていきましょう！

ゼロから宅建士ベーシックブック
②権利関係の特徴

『ゼロから宅建士ベーシックブック』では、
初学者でも、楽しく学べるようにたくさんの工夫をしています。

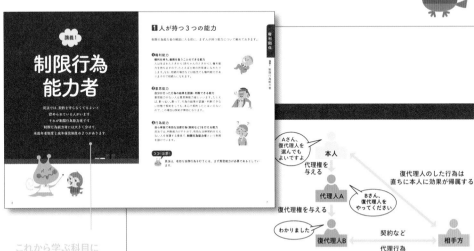

これから学ぶ科目に
ついて、重要な点を
ガイドしています。

知っておきたい重要
な知識やつまずきや
すい点を、アドバイ
スしています。

ココに注意!

復代理は、代理人の代理ではありません。

［2］復代理人の選任と責任

●復代理人の選任と責任

表を多く掲載してい
るので、内容を整理
しながら学習できま
す。

種類	復代理人を選任できる場合	代理人の責任
法定代理	自己の責任で選任できる	**原則** 全責任を負う **例外** やむを得ない事由により復代理人を選任したときは、選任および監督について、本人に対して責任を負う
任意代理	**原則** 選任できない **例外** ①本人の承諾を得たとき ②やむを得ない事由があるとき（代理人が事故にあったなど）	本人と代理人との間の委任契約の内容によっては、責任を負う

法律用語をやさしく解
説。本文中でも必要
な箇所に用語解説を
取り入れています。

［3］復代理人の権限

復代理人の持つ権限については、次のとおりです。

復代理人の持つ権限
①復代理人は本人の代理人として、本人および第三者に対して代理人の権利を有し、義務を負います。
②復代理人の代理権の範囲は、代理人の代理権の範囲内に限られます。
③代理人の代理権が消滅すると、復代理人の代理権も消滅します。
④代理人の代理権は、復代理人を選任しても消滅しません。

権利関係

講義3 代理

\過去問を解こう/

（平成21・問2-3）

AがA所有の土地の売却に関する代理権をBに与えた場合、Bは、自らが選任及び監督するのであれば、Aの意向にかかわらず、いつでもEを復代理人として選任して売買契約を締結させることができる。

 × Bは任意代理人なので、本人であるAの許可を得ることなく復代理人を選任できません。「本人の許諾がある場合」「やむを得ない事由がある場合」にのみ、復代理人を選任できます。

過去問を解いて、
学んだ知識をすぐに
頭に入れましょう。
一問一答形式だか
ら、すぐにチャレン
ジできます。

37

v

もくじ

巻　頭

はじめに …………………………………………………… ii

ゼロから宅建士 ベーシックブック②権利関係の特徴 ……… iv

めざせ！ 宅建士 …………………………………………… viii

明海大学不動産学部の宅建士試験の指導方針 …………… x

試験の出題範囲 …………………………………………… xi

学習スケジュール ………………………………………… xiv

合格までのみちのり ……………………………………… xv

直近の受験者データ ……………………………………… xvi

宅建士へのステップ ……………………………………… xvii

宅建士として活躍しよう ………………………………… xviii

権利関係

知っておこう！ 基本的な法律用語 …………………………………… 2

講義1　制限行為能力者 …………………………………………………… 6

講義2　意思表示 ……………………………………………………………… 20

講義3　代理 …………………………………………………………………… 30

講義4　時効 …………………………………………………………………… 44

講義5　物権変動 ……………………………………………………………… 54

講義6　抵当権 ………………………………………………………………… 72

講義7　契約 …………………………………………………………………… 90

講義8　手付・売主の担保責任 ………………………………………… 106

講義9　債権譲渡、弁済、相殺 ………………………………………… 114

講義10　連帯債務と保証 ………………………………………………… 126

講義11　その他の契約 …………………………………………………… 144

講義12　不法行為 ………………………………………………………… 150

講義13　相続 ………………………………………………………………… 160

講義14　賃貸借契約 ……………………………………………………… 176

講義15　借地借家法（借地） …………………………………………… 186

講義16　借地借家法（借家） …………………………………………… 202

講義17　区分所有法 ……………………………………………………… 214

講義18　不動産登記法 …………………………………………………… 232

さくいん ……………………………………………………………………… 256

めざせ！宅建士

立派な宅建士になりたい！　そんな思いではじめた試験勉強。
でも覚えることも多いし、難しい言葉もたくさん出てきて、とっても大変！
いったい、どうやって勉強すれば合格できるの？

君たち、宅建の勉強をしているの？

でも、難しくって…

はじめたばかりです

もうザセツしそうなんです…！

たとえば、どんなところが難しいのかな？

覚えることが多いうえに、"宅建業"の定義って言われてもわからないし…

私は権利関係に出てくる法律用語がわからなくて。善意とか、悪意とか、ふだん使っているコトバなのに、何がなんだか…

建蔽率（けんぺいりつ）や容積率って難しいし…！

税金も難しいし…！

アレも…コレも…目が回っちゃいそうです…

じゃあ、僕らが教えてあげるよ

えっ！？

コツさえつかめば大丈夫だよ

ハイッ！

明海大学不動産学部の
宅建士試験の指導方針

　明海大学不動産学部では、「不動産取引演習」という講義で、1年次の約半年間で宅建士試験に合格できるレベルの指導を行っています。「不動産学部」ですから、将来の就職を見据えた、宅建士の資格取得のための講義です。カリキュラムはかなりハードで夏休み中も講義がありますし、問題演習も相当量をこなします。もちろん学生には合格を目標にがんばってもらいますが、それ以上にこの講義では、宅建士試験の勉強を通じて、専門教育の基礎となる不動産の法律などを学ぶことをねらいとしているのです。

　不動産を扱うには幅広い知識が求められます。それには、法律や経済、建築のことを総合的に理解する力が必要です。宅建士試験の出題分野を学び、理解を深めることは、将来実務をするための土台作りにもなります。ですから、学生には単に知識を暗記させるのではなく、仕事で必要になることやその理由をくわしく伝えたうえで、「活きた知識」として頭に入れてもらうようにしています。これから宅建士試験にチャレンジする人も、試験勉強を通じて「不動産のプロ」として活躍するために必要な知識を学んでいると思えば、より真剣に勉強に取り組めるようになるはずです！

　ではこれから、宅建士試験についてガイダンスしていきましょう。

なるほど！

試験の出題範囲

宅建士試験は4分野から全50問出題されます。

宅地建物取引業法（宅建業法）

宅地建物取引業を営むための法律である宅建業法をメインに、住宅瑕疵担保履行法から1問出題されるのが出題パターンです。

- 宅建業法
- 住宅瑕疵担保履行法

出題数 **20** 問

権利関係

売主や買主をはじめ、不動産取引にかかわる者の権利を守る民法をメインに、借地借家法などの関連法律からも出題されます。宅建士試験のなかでも難易度の高い分野です。

- 民法
- 借地借家法
- 区分所有法
- 不動産登記法

出題数 **14** 問

法令上の制限

土地や建物の利用について制限を設けている法律のなかから出題されます。試験では細かい数字を問われることが多い分野です。

- 都市計画法
- 建築基準法
- 国土利用計画法
- 農地法
- 土地区画整理法
- 宅地造成及び特定盛土等規制法
- その他の法令上の制限

出題数 **8** 問

税・その他

宅地建物の取引に関係する税金をはじめ、地価公示、不動産鑑定評価など不動産関連分野から出題されます。

- 税法
  不動産取得税、固定資産税、所得税、印紙税、登録免許税
- その他
  地価公示、不動産鑑定評価基準
  [以下は登録講習修了者免除科目]
  住宅金融支援機構、景品表示法、土地・建物、統計

出題数 **8** 問

権利関係

できるだけ興味をもって学ぼう。
14問中、7問程度は正解したいところ！

権利関係では、民法を中心に特別法である借地借家法、区分所有法、不動産登記法から出題されますが、特に民法は難解な部分もあり、苦手にする人も多い分野です。ただ、興味をもてれば楽しく勉強できるので、マンションに住んでいる人なら「区分所有法」、家を借りている人なら「借地借家法」、または「相続」といった身近なテーマから勉強をはじめるのも一つの手です。権利関係では14問出題されますが、そのうち7問程度は正解したいところです。

図式化して関係性を頭に入れること。
法律特有の言い回しにも慣れよう

民法を学ぶうえでは、まず図式化をして登場する人物の関係を頭に入れることが重要です。みなさんに見て理解してもらえるよう、この本でも図をたくさん掲載していますが、過去問を解くときも、自分で図を描いて理解できるようにしましょう。また、借地借家法では土地の貸主（土地所有者側）のことを「借地権設定者」といったりしますが、こうした特有の言い回しにも慣れておくことです。

明海大学不動産学部ではこう教えている！

権利関係では、まず法律用語の意味や条文の読み方についてわかりやすく解説します。民法と宅建業法の関係などについても理解を深めるよう、留意しています。ちなみに不動産学部では、「抵当権」についても時間をかけて教えています。将来住宅販売に携わる人は、必ず住宅ローンを扱うことになり、そのときに抵当権の知識が必要になるからです。

民法と特別法の構成について

① 民法の構成

権利関係で学習する民法は、私人間の法律関係を定める一般法という位置づけであり、次の5つに分かれています。宅建士試験では、契約に関連する債権を中心に学ぶことになりますが、宅建業法と関連する箇所も多いため、確実に理解しておきましょう。

総則	民法全体に共通する事項 **該当講義 ▶** 講義1 制限行為能力者、講義2 意思表示 講義3 代理、講義4 時効
物権	物に対する権利（誰に対しても主張できる） **該当講義 ▶** 講義5 物権変動、講義6 抵当権
債権	特定の相手に何かを請求できる権利 **該当講義 ▶** 講義7 契約、講義8 手付・売主の担保責任 講義9 債権譲渡、弁済、相殺、講義10 連帯債務と保証 講義11 その他の契約、講義12 不法行為 講義14 賃貸借契約
親族	夫婦や親子間の関係などを定める法律 **該当講義 ▶** なし
相続	相続に関する規定を定める法律 **該当講義 ▶** 講義13 相続

② 特別法とは

一般法に対して、特定の人や地域、事項などに適用される法律のことです。権利関係で学習する特別法は、「借地借家法」「区分所有法」「不動産登記法」の3つです。具体的な例としては、不動産の賃貸借の場合には、特別法の借地借家法が優先的に適用されます。区分所有法は、分譲マンションに関する権利について、不動産登記法は、登記の手続きについて定められています。

学習スケジュール

大学や専門学校、資格学校などで学ぶ場合は、それぞれのカリキュラムに沿って学びますが、ここでは独学での一例をご紹介します。

試験勉強の進め方

4月	5月	6月	7月	8月	9月	10月

出題分野をひと通り学習！　　　過去問で徹底補強！　　模擬試験を受けよう！　　本試験

10月第3日曜日

Point

「宅建業法」から学び始めると、宅建士の仕事内容のイメージをつかみやすくなる。分野別に過去問を解いて、出題パターンを押さえよう。

Point

過去問は最低でも10年分を3回は解いておこう。解けなかった問題は、どこを間違えたのかを把握してテキストを見直しておくこと。そうすれば、知識が定着しやすくなる。

Point

試験の緊張感を体験しておくためにも本番前にできれば1回以上、資格学校などの模擬試験を体験しておくとよい。なるべく受験人数の多い会場を選択するのがおすすめ。

学習スケジュールを
立てたら
しっかり実行しよう！

＼ 読者特典！　一問一答式問題集ダウンロード ／

本書に掲載している一問一答以外にも、重要な過去問をセレクトしています。
あわせて利用すれば、より知識が頭に定着しやすくなります！
重要統計データも同サイトで公開予定です。

ダウンロードサイトはこちら！
https://www.jssbook.com/news/n54488.html

こちらからも▶
アクセス
できます

パスワード jss63880052 　※2023年12月下旬公開予定です。

合格までのみちのり

宅建士試験の出願から受験、合格までのみちのりを確認しておきましょう。

受験資格

特になし。誰でも受験できる！

年齢、学歴、国籍などの
制限はありません。

試験方法

四肢択一のマークシート式

全部で50問（登録講習修了者は45問）。
解答はマークシート方式です。

スケジュール ※日程は原則です

願書は都道府県別！

7月

願書の配布
（郵送申込）

配布期間は7月1日～中旬。大きな書店でも配布しています。詳細や配布場所は、6月上旬から一般財団法人 不動産適正取引推進機構のホームページで告知されます。

8月

9月

受験票の送付

10月初め頃、受験票が届きます。

受験の申込み

インターネットでは7月上旬～下旬、郵送では上旬～中旬まで申込みを受け付けています。

申込みはインターネットでも郵送でもOK

10月

試験実施

10月の第3日曜日、13時～15時*に試験が実施されます。

11月

合格

合格者発表

11月下旬に合格者が発表になります。

12月

試験時間は2時間*。途中退出はできないので、体調管理は万全に！

*登録講習修了者は、13時10分～15時（1時間50分）

宅建士の資格試験を行うのは、一般財団法人 不動産適正取引推進機構。
試験の申込みや問い合わせもこちらへ。くわしくは、https://www.retio.or.jp/

直近の受験者データ

宅建士試験の受験者数や合格率、合格者のプロフィールを紹介します。

受験者数・合格者数・合格率

合格者数 **38,525** 人

※令和4年度試験実施結果

合格率
17.0%

合否判定基準
50問中36問以上正解
（登録講習修了者
45問中31問以上正解）

受験者数 **226,048** 人

受験者数が
多いね！

合格者のプロフィール

不動産業に関わる人が **27.7%** で最多ですが、金融業や建設業の人もそれぞれ1割程度います。
また、そのほかの業種から受験する人も少なくありません。学生もチャレンジし、合格者が出ています。

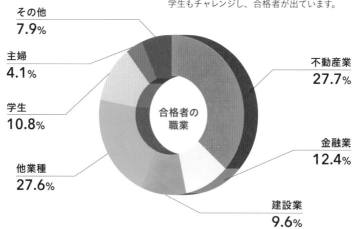

その他
7.9%

主婦
4.1%

学生
10.8%

他業種
27.6%

合格者の
職業

不動産業
27.7%

金融業
12.4%

建設業
9.6%

宅建士へのステップ

宅建士の試験に合格してから実際に仕事ができるまでのステップを紹介します。

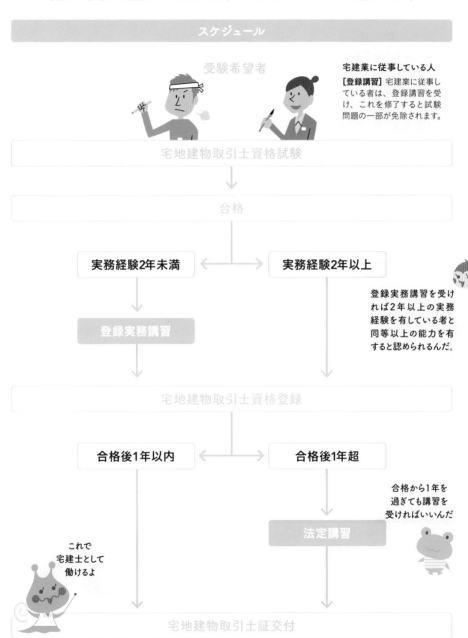

スケジュール

受験希望者

宅建業に従事している人
[登録講習] 宅建業に従事している者は、登録講習を受け、これを修了すると試験問題の一部が免除されます。

宅地建物取引士資格試験

↓

合格

実務経験2年未満 ←→ 実務経験2年以上

登録実務講習

登録実務講習を受ければ2年以上の実務経験を有している者と同等以上の能力を有すると認められるんだ。

宅地建物取引士資格登録

合格後1年以内 ←→ 合格後1年超

法定講習

合格から1年を過ぎても講習を受ければいいんだ

これで宅建士として働けるよ

宅地建物取引士証交付

宅建士として活躍しよう

合格して宅建士証を交付されたら、宅建士としてスタートできます。

不動産業で

宅建士としてもっとも一般的な活躍の舞台は、やはり不動産業です。不動産業には、分譲、仲介、管理、賃貸などがあります。宅建士はとくに分譲や仲介の場面で必須。宅地や建物の売買や賃貸の仲介を行う業者は、事務所ごとに5人に1人以上の割合で宅建士を置かなくてはなりません。

部屋を貸す・借りる	住宅の買い替え	相続で土地の売却

不動産業以外でも

宅地や建物の取引は、不動産業界以外の業種が関わることがあります。どの会社でも企業活動をするための拠点（宅地や建物）を自社で持っているか、借りています。また事業を運営するうえで、土地を扱うことが少なくありません。

流通業
百貨店やスーパー、コンビニエンスストアなどの店舗の立地戦略にも不動産の知識は必要です。

金融業
銀行など金融機関では、宅地建物など不動産を担保に融資をしますので不動産の知識が必要となります。

公務員
国や都道府県にとって街づくりや都市計画などは重要な仕事。こうした仕事には宅建士の資格が役に立ちます。

IT業界
企業サイトや情報サイトで不動産関連の企業や情報を扱うとき、不動産の知識が必要になる場合もあります。

宅建士の知識は多くの業種で役に立ちます。仕事に活かせる資格です

ボクたちもがんばろうね！

権利関係

講義編

知っておこう! 基本的

これから解説する権利関係では、法律用語が多く登場します。
最初は難しそうに思える用語でも、意味がわかれば大丈夫。
これから学ぶ権利関係の内容を理解しやすくなります。
それでは、基本的な法律用語を解説していきましょう。

法律行為

法律行為とは、法律上の効果を発生させる行為のことで、意思表示があって成立します。意思表示とは自分の意思を相手に表すことです。代表的な例としては、売買契約があります。

例　売買契約

この家が売りに出ていますよ

買います

ここでは例として、家の売買契約を挙げましたが、基本的にどんな内容で契約するかは当事者間で合意が得られていれば自由です。民法で「契約自由の原則」が定められていて、公序良俗に反しない限りは、どんな契約をしても問題はありません。

公序良俗

公の秩序、善良の風俗のこと。たとえば、禁止薬物の取引契約などは公序良俗違反となり、無効となります。つまり、そのような契約をしても、守らなくてよいのです。

へぇ～

な法律用語

公序良俗違反の場合だけでなく、さまざまな理由で契約が無効になったり取消しになったりする場合があります。無効と取消しはそれぞれ意味が違うので、注意しましょう。

無　効

契約の効果が初めから生じないこと。つまり最初から契約はしていないということになります。

この契約は無効です

取消し

一度有効に成立した契約を、最初にさかのぼって無効とすること。取消しは取り消すまでは有効です。

契約を取消しにしたいんですけど…

ほかにも、こんな用語が登場します。普段使っている言葉の意味とは違いますね。

善　意

事実（事情）を知らないこと。

?

そうなんだ！

悪　意

事実（事情）を知っていること。

ほかにもよく登場するのは、こんな用語です。

対 抗

自分の権利を主張することです。

対抗

ここは私の土地です

過 失

不注意のこと。重過失と軽過失があります。重過失は重い責任を負うくらいの不注意、軽過失は「うっかり」くらいの不注意であると考えておくとよいでしょう。

過失の仲間もいるんですね

善意・無過失

注意しても事実(事情)を知ることができなかったこと。

善意・有過失

注意すれば事実(事情)を知ることができたこと。

先輩、今日テストするなんて聞いていません!

先週メールで知らせましたよ

善意・有過失ですね!

次に解説するものについては、一度は耳にしたことがあるかもしれませんね。

債 権

たとえばBさんがAさんにお金を借りて、Bさんが期日までに返す契約をしていたとしましょう。この場合、Aさんが債権者（お金を貸している人）で、Bさんが債務者（お金を借りている人）となります。債権とは、お金を貸したAさんが「お金を返して」と言える権利。つまり、「契約を守ってください」と請求できる権利のことです。

お金を返して！ と言える

債権者 A
（お金を貸している人）

債務者 B
（お金を借りている人）

お金を返済する
義務がある

債 務

債務とは、上の例で説明すると、BさんがAさんにお金を返済する義務のこと。債務とは、契約の内容を実現する義務のことをいいます。

基本的な法律用語の解説はここまでです。
そのほかの重要な用語については本文中で解説していきます。

次から講義がはじまるよ！

講義1

制限行為能力者

民法では、契約を守らなくてもよいと
認められている人がいます。
それが制限行為能力者です。
制限行為能力者には大きく分けて、
未成年者制度と成年後見制度の２つがあります。

1 人が持つ3つの能力

制限行為能力者の解説に入る前に、まず人が持つ能力について触れておきます。

❶権利能力

権利を持ち、義務を負うことのできる能力

人は生まれたときから（赤ちゃんのときから）、権利能力を持ちますので、たとえば、土地の所有者になれたりします。なお、相続の場合などは、胎児でも権利能力がありますので相続人になれます。

❷意思能力

自分が行った行為の結果を認識・判断できる能力

意思能力がない人は意思無能力者といいます。たとえば、酔っ払い。酔って、行為の結果が認識・判断できない状態で契約をしても、本心で契約したとはいえないので、この場合は契約が無効となります。

❸行為能力

自ら単独で有効な法律行為（契約など）を行える能力

民法では、判断能力が不十分で、有効な法律契約を行えない人を保護する意味で、**制限行為能力者**という制度を設けています。

ココに注意！

民法は、有効な法律行為を行うには、まず意思能力が必要であるとしています。

7

2 制限行為能力者とは

制限行為能力者とは、判断能力が不十分で、**自ら単独で有効な法律行為（契約など）を行うことができない**と法律で定められた人のことです。制限行為能力者は次の4つの種類に分けられます。

■制限行為能力者の種類

①未成年者

18歳未満の者

②成年被後見人

判断能力は
低い

③被保佐人

判断能力は
やや低い

④被補助人
自分である程度
物事を判断
できる

3 制限行為能力者の保護

[1] 未成年者

18歳未満の者

| 保護者 | 親権者・未成年後見人（法定代理人）

親権者が親の場合、父母が婚姻中は父母が共同して親権者となります。
未成年後見人は複数人、または法人でもかまいません。

 用語解説 **法定代理人**
法律で代理権を有するとされた者のことです。

■未成年者の法律行為

| 原則 |

未成年者は、保護者である親権者または未成
年後見人の**同意**があれば、契約などの法律行
為ができます。未成年者が同意を得ないで契
約などをした場合は、保護者はそれを取り消
すことができます（本人も取り消せます）。な
お、法定代理人である親権者または未成年後
見人である法定代理人は、未成年者の代理人
として法律行為を行うこともできます。

契約の取消しができない場合
・法定代理人の同意を得て契約を行った場合
・同意を得ていなくても、法定代理人が追認した場合

例外

●未成年者が一人でできる行為

⇒次の行為は、法定代理人の同意がなくても未成年者が単独で行うことができ、取消しができません。

①単に権利を得たり、義務を免れる行為	例)家の贈与を受ける、借金をなかったことにしてもらう 
②法定代理人が処分を許した財産の処分行為	例)お小遣いでジュースを買う
③法定代理人から営業の許可を受けた未成年者が、その営業に関して行う行為	例)親が許可した宅建業に関する土地の売買 (許可の範囲の行為は取り消すことができない) 宅建業は自由にやっていいよ

Q 営業を許可された未成年者が、その営業のための商品を仕入れる売買契約を有効に締結するには、父母双方がいる場合、父母のどちらか一方の同意が必要である。

A ✕ 法定代理人から営業を許可された未成年者は、その営業に関しては、成年者と同一の行為能力を有します。たとえば、パン屋の営業を許可されたなら、パンの販売だけでなく、材料の仕入れも許可されたことになり、契約の締結に、親つまり法定代理人の同意は不要です。

[2] 成年被後見人

精神に障害があるため、判断能力である事理を弁識する能力を欠く常況にある者で、家庭裁判所から後見開始の審判を受けた者。

病気や障害などで、物事の判断がほとんどできない者。たとえば、認知症のお年寄りなどが該当します。

保護者 成年後見人（法定代理人）

一定の者（本人や親族等）の請求により、家庭裁判所が後見開始の審判をした際に、職権で成年後見人を選任します。

■成年被後見人の法律行為

原則

保護者である成年後見人が、財産の管理や財産上の法律行為を**代理で行います**。なお、成年後見人には同意権がありません。成年被後見人は判断能力がほぼないので、事前に同意を与えて本人に単独で行為をさせても、そのとおりに行動できるかわかりません。したがって、成年後見人があらかじめ同意した法律行為であっても、成年被後見人が自ら行った場合は、取消しを可能としているのです。単に権利を得たり、義務を免れる行為であっても取消し可能です。これらの取消しは、制限行為能力者本人も可能です。

代理で契約 成年後見人 ─ 相手方

代理

成年被後見人

未成年者のようにあらかじめ同意を与えるという方法はない

成年後見人 ✕ 相手方

✕ 同意はできない

契約してもいいですよ

成年後見人

●成年被後見人が一人でできる行為

⇒次の行為は、成年被後見人が自ら行っても取消しができません。

　・日用品の購入や日常生活に関する法律行為

例) コンビニエンスストアーで飲み物を買うなど

〔3〕被保佐人

精神に障害があるため、「事理を弁識する能力」つまり判断
能力が著しく不十分な者で、家庭裁判所による保佐開始の審
判を受けた者。成年被後見人と比べて、自分で判断できる能
力がややある者のことです。

保護者 保佐人（原則として代理権はない）

家庭裁判所が保佐開始の審判をする際に、保佐人を選任します。

■被保佐人の法律行為

原則

被保佐人は成年被後見人と比べて能力が高
いので、単独で法律行為を行うことができ
ます。ただし、重要な財産上の行為を行う場
合は、保佐人の同意が必要です。

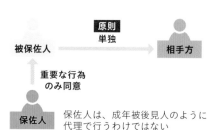

保佐人は、成年被後見人のように
代理で行うわけではない

例外

●保佐人の同意が必要な行為（重要な財産上の行為）があります。

⇒下記の行為については、保佐人の同意なく行った場合は、保佐人、本人のいずれからも取
　消しができます。

保佐人の同意が必要な重要な行為（主なもの）

①借金をする、保証人になる

②不動産（土地、建物）や、その他の重要な財産の売買をする

③相続をする、相続の放棄をする、遺産の分割をする

④贈与の申し出を拒絶する、遺贈の放棄をする、負担付贈与の承諾や負担付遺贈を承認
　する

⑤建物の新築、改築、増築、大修繕などを行う

⑥長期の不動産の賃貸借契約を結ぶ

　☆山林は10年、土地は5年、建物は3年を超える賃貸借契約。

など

●被保佐人が一人でできる行為

⇒被保佐人は、p12で紹介した「保佐人の同意が必要な重要な行為（主なもの）」以外は、単独でできます。つまり取消しができないのです。

取消しができない行為の例
①不動産の賃貸借契約で、土地が5年以内、建物が3年以内の場合
②日用品の購入や日常生活に関する法律行為

 ココに注意！

 不動産の土地賃貸借契約で、5年ちょうどの場合は「重要な財産上の行為」にはならないので、単独行為が可能になります。

過去問を解こう

(平成28・問2-2)

 被保佐人が、不動産を売却する場合には、保佐人の同意が必要であるが、贈与の申し出を拒絶する場合には、保佐人の同意は不要である。

  ✕ 被保佐人が不動産を売却したり、贈与の申し出を拒絶したりする場合には、保佐人の同意が必要となります。

［4］被補助人

精神に障害があるため、判断能力である事理を弁識する能力が不十分な者で、家庭裁判所による補助開始の審判を受けた者。普通の人よりも少しだけ判断能力が劣るような者のことです。

保護者 補助人（原則として代理権はない）

家庭裁判所が補助開始の審判をする際に、補助人を選任します。なお、審判の請求者が被補助人本人でない場合は、**本人の同意が必要**となります。

13

■被補助人の法律行為

原則

単独で有効な法律行為をすることができます。

例外

被保佐人のところで挙げた「保佐人の同意が必要な重要な行為」(p12)のなかから、家庭裁判所が定めた行為については、補助人の同意が必要になります。同意のない契約については取り消すことができます(本人・補助人ともに)。

4 契約の取消しについて

制限行為能力者が単独でできない法律行為を、保護者の同意を得ずに単独で行った場合には、その行為を取り消すことができます。

[1] 取消しの効果

「取り消すことができる」ということは、「取り消されるまで、その契約は有効である」ということを意味します。たとえば、成年被後見人が単独で行った土地の売買契約は、取消しをするまでは、有効です。これを「取り消す」と契約は「無効」となります。「無効」とは「初めから効力が生じない」ことをいうので、「その契約はもともとなかった」という意味になります。契約が取り消されると、受け取った代金や品物は返さなくてはなりません。これを原状回復といいます。

●取消しの効果

① 取消しがないとそのまま有効

② 取り消されると…

契約時にさかのぼって無効となる

契約時　　　　　　　　　　有効　　　契約時　　　　　　　　　　取消し

契約の取消権者(契約を取り消すことができる人)
①制限行為能力者本人
②制限行為能力者の保護者
③制限行為能力者の承継人(たとえば相続人)

ココに注意!
契約は制限行為能力者本人も取り消すことはできます。取消しするときは、保護者の同意を得なくてもよいのです。

ココに注意!
相手が制限行為能力者だという理由で、契約の相手（行為能力者）の側から取り消すことはできません。

［2］契約に第三者がいる場合

売主である制限行為能力者と土地・建物の売買契約を締結した場合、買主側は売主の保護者により契約が取り消されることがあります。しかし取消し前に、その相手方である買主が第三者（最初の売買契約に関係していない者）に土地・建物を転売してしまうケースもあります。その場合はどうなるかをみていきましょう。

こんな場合はどうなる？

●取消し前の第三者（取消し前に転売されている場合）に対して

転売の順 ①売却→②転売→③取消し

①売却

②転売

③取消し
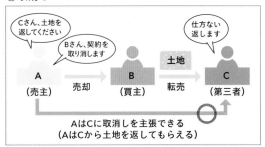

Aは第三者Cから土地を返してもらえます。

Aは制限行為能力を理由に土地の返還をCに対抗（主張）できます。

5 制限行為能力者の相手方の保護

制限行為能力者と契約をした相手方としては、相手から契約がいつ取消しされるか
わからないため、安心していられません。そのため、相手方を保護するための制度
が設けられています。

[1] 相手方の催告権

催告権とは、制限行為能力者の行為を**追認**するかどうかの確答を保護者などに求め
ることができる権利のことです。制限行為能力者と取引をした相手方に対しては、
この催告権が認められています。なお、催告には1カ月以上の期間を設けることが
必要です。追認があると、その後取消しはできなくなります。

 用語解説 追認
　　　取消し可能な契約について、事後承諾をして有効にすることです。

●催告の期間内に確答がない場合

行為した者	誰に対して催告するのか	期間内に確答がない場合
未成年者	法定代理人	追認したものとみなす
成年被後見人		
被保佐人	保佐人	追認したものとみなす
	本人(☆1)	取り消したものとみなす
被補助人	補助人	追認したものとみなす
	本人(☆1)	取り消したものとみなす
制限行為能力者	行為能力回復後の本人(☆2)	追認したものとみなす

☆1　本人に対しては「保護者の追認を得るよう」に催告をします。

☆2　**例1)** 成年被後見人が病状が回復し、後見開始の審判が取り消されたなど。
　　　例2) 未成年者が成人した(成年者になった)。

ココに注意!

　　　未成年者や成年被後見人には、催告の受領能力がありません。そのため、
　　　本人に催告をしても効果は生じません。催告は、保護者に対してする必要
　　　があります。

[2] 制限行為能力者の詐術

制限行為能力者が自分を行為能力者だと信じさせるために、偽造した運転免許証を見せるなどして相手をだまし（詐術）、土地売買などの契約を締結した場合は、その法律行為を取り消すことができなくなります。相手をだますような制限行為能力者は、保護する必要がないからです。

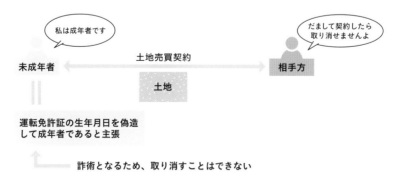

私は成年者です

だまして契約したら
取り消せませんよ

未成年者 ←――― 土地売買契約 ―――→ 相手方

土地

運転免許証の生年月日を偽造
して成年者であると主張

詐術となるため、取り消すことはできない

過去問を解こう

（平成28・問2-4）

Q 被補助人が、補助人の同意を得なければならない行為について、同意を得ていないにもかかわらず、詐術を用いて相手方に補助人の同意を得たと信じさせていたときは、被補助人は当該行為を取り消すことができない。

  A ○ 制限行為能力者が、自分が行為能力者だと信じさせるために相手をだました場合だけでなく、補助人の同意を得ていないにもかかわらず、同意を得たとうそをついて相手をだました場合も、行為の取消しはできません。

〔3〕法定追認

取消しできる法律行為について、追認権を持っている人（保護者や行為能力回復後の本人）がその法律行為を認めるような行為をした場合、追認したとみなされます。これを法定追認といいます。

●法定追認にあたる行為の例

法定追認にあたる行為	例
①債務の一部または全部の履行	代金の支払いをするなど
②相手方に契約の履行を請求した場合	賃貸借契約をして「借りた部屋のカギを引き渡してください」というなど
③取得した権利の一部または全部の譲渡	購入した車を転売するなど
④担保を提供したり、担保の提供を受けた場合	購入した土地を担保に用いて、お金を借りるなど
⑤契約内容の変更（更改）などをした場合	土地・建物の売買契約を建物のみの売買契約に変えるなど
⑥強制執行をした場合	代金の支払い請求をするために強制執行をするなど

☆制限行為能力者本人が、これらの行為をしても追認にはならないことに注意(本人であっても、回復後であれば追認となる)。

〔4〕取消権の消滅時効

未成年者が成人したり、制限行為能力者が行為能力を回復するなど、行為能力回復後に、自分ひとりで判断できるようになってから定められた時期が経過すると、取消しをできる取消権が消滅し、法律行為の取消しができなくなります。

> 取消権の消滅時効
> ①単独で追認できる時から5年経過
> ②法律行為をした時から20年経過
> ☆取消権は、上記の①と②どちらか早く経過したほうで消滅し、行為を取り消すことができなくなります。

ココに注意！

未成年者は成人する（18歳になる）と、すぐに法律行為を取り消すことができなくなるわけではありません。成人しても、自分に追認権があることを知ってから5年は取消しができるのです。

6 居住用不動産の処分についての許可

制限行為能力者の居住用の土地、建物について、成年後見人、保佐人、補助人が制限行為能力者を代理して、売却、賃貸、賃貸借の解除などをする場合（保佐人、補助人は代理権がある場合のみ）、家庭裁判所の許可を得なければそれらの行為はできません。必要な許可を得ないで行った契約は無効となります。「取消し」ではなく、最初から「無効」であることに注意してください。

講義2

意思表示

意思表示とは、契約の成立などを目的として、
自分の意思を外に向けて表すことです。
勘違いやだまされたことで本心とは違う
意思表示をしてしまうと、
相手方もあることから混乱が生じます。
ここでは、冗談やうそ、思い違いなどで契約した場合について
どうなるのかを学んでいきましょう。

1 意思表示とは

ある土地を「売りたい」または「買いたい」というように、売り手と買い手が自分の意思を相手方に表わすことを意思表示といいます。契約は原則として、申込みと承諾という意思表示が合致すれば成立し、法的な効果が発生します。お互いが自分の意思を相手方に正しく表示したうえで契約できれば問題はありませんが、なかには冗談やうそ、思い違いや詐欺などで、自分の意思と表示が合致しないまま契約してしまった、というケースもあります。そのような場合、契約の扱いがどうなるのかをみていきます。

●契約の成立

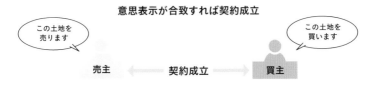

意思表示が合致すれば契約成立

この土地を売ります

この土地を買います

売主　←　契約成立　→　買主

[1] 心裡留保

相手方に冗談やうそで「売ります」などと表示すること。つまり、自分が本心と表示が違うということを、きちんと知っていてする意思表示のことです。

原則　有効

冗談やうそを言ったほうが悪いということで、うそを信じた相手方を保護するために、意思表示は有効としています。

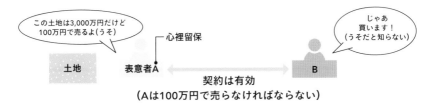

この土地は3,000万円だけど100万円で売るよ(うそ)

じゃあ買います！(うそだと知らない)

心裡留保

土地　表意者A　←　契約は有効　→　B

（Aは100万円で売らなければならない）

例外　無効（相手方が悪意または善意・有過失）

意思表示を受けた相手方が、実は冗談やうそであることを知っていた（悪意）、または注意すれば知ることができた（善意・有過失）場合は、相手方の気持ちを尊重する必要もないので、契約は無効となります。

●第三者に対して

例）Aが冗談でBに土地を売った後、Bが善意の第三者Cに土地を転売していた場合

⇒AとBの間の契約が無効となる場合でも、Aは善意の第三者に対しては対抗できません。

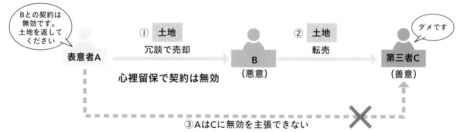

☆Bが善意でCが悪意の場合も対抗できません。AB間の契約が有効であるのに、BC間の契約が無効になると善意のBが損をするからです。

過去問を解こう

（平成19・問1-1）

 A所有の甲土地についてのAB間の売買契約において、Aは甲土地を「1,000万円で売却する」という意思表示を行ったが当該意思表示はAの真意ではなく、Bもその旨を知っていた。この場合、Bが「1,000万円で購入する」という意思表示をすれば、AB間の売買契約は有効に成立する。

   心裡留保があっても契約は、原則として有効です。ただし、相手方が悪意または有過失の場合は無効です。
本問の場合、相手方BはAが真意ではないと知っていたので（悪意）、AB間の売買契約は無効です。

［2］虚偽表示（つうぼうきょぎひょうじ 通謀虚偽表示）

相手といっしょになって（通謀して）、仮装の売買契約を結んだり、虚偽の意思表示をすることです。売買する気がもともとないので、いくら契約書などの書類を作ったとしても契約は無効です。

当事者間　無効

例）借金を抱えたAが債権者から土地の差押えを逃れるために、Bと組んで仮装の土地売買契約を結んだ場合

●第三者に対して

善意の第三者に対しては、無効を主張できません。何も知らなかった第三者を保護する必要があるからです。また、Cから土地や家を譲り受けたという転得者でも、第三者となります。

例) 第三者Cが善意の場合

⇒AはCに無効を主張できません。

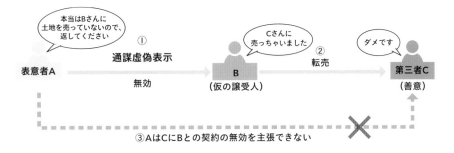

●転得者がいる場合

例1) 悪意の第三者Cが善意のDに土地を転売した場合

⇒Aは転得者Dに無効を主張できません。

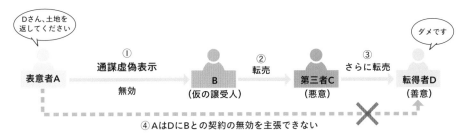

例2) 善意の第三者Cが悪意のDに土地を転売した場合

⇒Aは転得者Dに無効を主張できません。CD間の契約が無効になると善意のCが損をするからです。

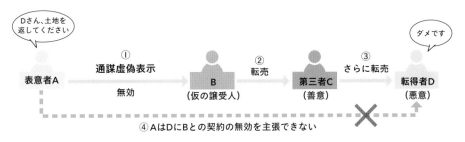

23

ココに注意！

第三者、転得者のいずれかが善意であれば、元の所有者は無効を主張できません。

（平成27・問2-4）

Aは、その所有する甲土地を譲渡する意思がないのに、Bと通謀して、Aを売主、Bを買主とする甲土地の仮装の売買契約を締結した。甲土地がBから悪意のCへ、Cから善意のDへと譲渡された場合、AはAB間の売買契約の無効をDに主張することができない。

  ○ Dは何も知らなかった第三者、つまり善意の第三者と同じように扱われるので、AはAB間の売買契約の無効をDに主張できません。

［3］錯誤（さくご）

いわゆるカン違いのこと。あくまで自分（表意者）がそのことに気づいていない場合が「錯誤」となります。

原則 取り消すことができる

錯誤による意思表示をした者が、契約の重要な部分に錯誤（要素の錯誤）をしていた場合、表意者は取り消すことができます。第三者がいたとしても取り消すことができます。

例）Aが、売る予定だった家とはちがう別の家を売ってしまった場合

例外 取り消すことができない（表意者に重大な過失があるとき）

表意者本人に重大な過失がある場合は、取消しができません。ただし、相手方が表意者に錯誤があることを知り、または重大な過失によって知らなかった場合や、相手方が表意者と同一の錯誤に陥っていた場合は、取消しができます。

24

●第三者に対して

⇒善意・無過失の第三者に対して契約の取消しの効果は主張できません。つまり、「間違えて売った家を返してください」とは言えないのです。

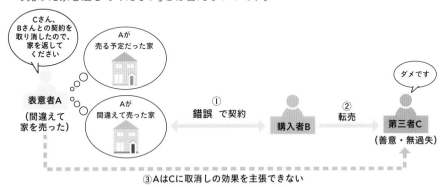

■動機の錯誤

土地を買おうと思った動機に錯誤がある場合のこと。

例）ある土地の近くに「新しい大型ショッピングセンターができる」というウワサを聞いて買おうと考えた宅建業者が、所有者からその土地を買い取ったのはいいけれど、実は大型ショッピングセンターができるという話は、単なるウワサだったという場合

こんな場合、この宅建業者は「土地を買おう」と思った動機にカン違いはありましたが、それだけでは、錯誤による取消しはできません。でも「土地を買おう」と思った動機を外部に示し、または周囲の事情や行動などから**相手方がそのことを知りえたときは取り消す**ことができます。

ココに注意！

動機の表示は、言葉で動機についてはっきり伝えるだけでなく、動機が推察されるような黙示的な発言や行動でもかまいません。

Aは、自己所有の時価100万円の名匠の絵画を贋作だと思いこみ、Bに対し「贋作であるので、10万円で売却する」と言ったところ、Bも同様に贋作だと思い込み「贋作なら10万円で購入する」と言って、AB間に売買契約が成立した場合、民法の規定によれば、売買契約締結後、AがBに対し、錯誤による取消しができる。

A ○ この問題では、AがBに対し、「贋作であるので、10万円で売却する」と動機の錯誤を示しています。また、たとえ錯誤が表意者の重過失によるものであったとしても、本問のように相手方が表意者と同一の錯誤に陥っている場合、売買契約の取消しは可能です。

〔4〕詐欺

相手をだます行為。要するに、他人に思い違いをさせる行為のことです。

原則 取り消すことができる

詐欺による意思表示は取り消すことができます。

第三者が関係する場合

第三者が関係する場合は、取り消すことはできますが、土地の転売相手の第三者が善意・無過失であれば、取消しの効果を対抗できません。つまり、「土地を返してください」とは言えないのです（次の例1参照）。第三者による詐欺の場合、相手方が善意・無過失であれば、取り消すことはできません（次の例2参照）。ただし、悪意や有過失の場合であれば取消しを主張できます。

●第三者が関係する場合

例1)　**AがBにだまされてBに土地を売り、Bが善意・無過失の第三者Cに土地を転売していた場合**

⇒AはCに取消しの効果を主張できません。

☆Cが悪意や有過失なら土地の返還を主張できます

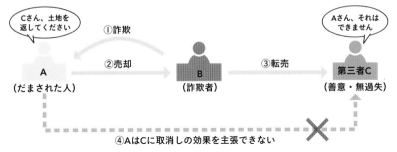

例2)　**Aが第三者Dにだまされて善意・無過失のBに土地を売った場合**

⇒AはBに取消しを主張できません。

☆Bが悪意や有過失なら取り消すことができます。

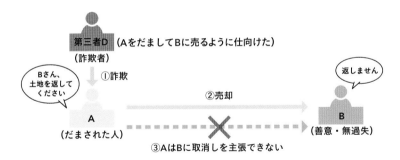

＼ 過去問を解こう ／

（平成23・問1-2）

Q A所有の甲土地につき、AとBとの間で売買契約が締結された場合において、Bは、第三者であるCから甲土地がリゾート開発される地域内になるとだまされて売買契約を締結した場合、AがCによる詐欺の事実を知っていたとしても、Bは本件売買契約を詐欺を理由に取り消すことはできない。

   Bは第三者Cによる詐欺で意思表示をしたことになります。この場合、相手方Aが詐欺の事実を知っていた、つまり悪意のときは、Bは契約を取り消すことができます。

［5］強迫（きょうはく）

相手をおどすこと。人を不安に陥れ、怖がらせるような行為をすることです。

原則 取り消すことができる

強迫された人を保護するため、強迫による意思表示は取り消すことができます。
強迫による意思表示は、つねに取消し可能なのです。

第三者が関係する場合

第三者が関係する場合は、たとえば、土地の転売相手の第三者が善意・無過失であっても、対抗できます（例1参照）。第三者による強迫の場合も同様です（例2参照）。強迫による意思表示の取消しは、つねに第三者に対抗することができるのです。

●第三者が関係する場合
例1） AがBに強迫されて土地を売り、BがCに土地を転売していた場合
⇒AはCの善意・悪意を問わず、Cに取消しの効果を主張できます。

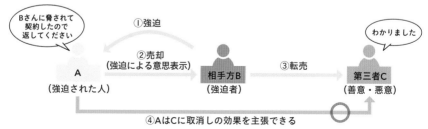

例2） Aが第三者Dに強迫されてBに土地を売った場合
⇒AはBの善意・悪意を問わず、Bに取消しを主張できます。

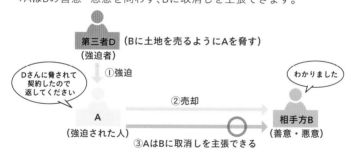

ココに注意!

強迫した者が第三者だった場合、相手方がその事実を知っているとき（悪意）でも、知らないとき（善意）であっても、契約を取り消すことができます。詐欺の場合と異なりますので、注意しましょう。

\ **過去問を解こう** /

（平成23・問1-4）

 A所有の甲土地につき、AとBとの間で売買契約が締結された場合において、BがCに甲土地を転売した後に、AがBの強迫を理由にAB間の売買契約を取り消した場合には、CがBによる強迫につき知らなかったときであっても、AはCから甲土地を取り戻すことができる。

   強迫による意思表示の取消しの場合、第三者には、善意・悪意を問わず対抗できます。したがって、この場合、Aは善意のCにも取消しの効果を主張できます。

●意思表示のまとめ

種類	当事者間		第三者との対抗関係
心裡留保	原則 有効	例外 無効 相手が悪意または善意・有過失	善意なら対抗できない
通謀虚偽表示	無効		善意なら対抗できない
錯誤	原則 取り消すことができる 要素に錯誤があるとき	例外 取消しできない 表意者に重大な過失のあるとき	善意・無過失なら対抗できない
詐欺	取り消すことができる（第三者詐欺の場合は、相手が悪意・有過失なら取消し可能）		善意・無過失なら対抗できない
強迫	取り消すことができる		対抗できる

ココに注意!

 第三者に「無過失」まで求められるのは、錯誤と詐欺の場合だけです。

講義 3

代理

代理人が本人の代わりに行った行為の効果を、
本人に帰属させることを「代理」といいます。
代理人が有効な代理行為をするためには、
キチンとした代理権が必要です。
もしも代理権がないのに代理人として立ち振る舞ってしまうと、
本人や相手方に迷惑がかかります。
このようなことを無権代理といいますが、
そのような無権代理についてどう対応していくのか、
そのあたりの民法の規定が出題されたりします。

1 代理について

[1] 代理とは

代理とは、本人（代理を頼む人）に代わって、代理人に法律行為を行ってもらうことです。代理行為が有効であると、代理人の行った行為は本人に効果が及びます。たとえば、「代理人に頼んで家を売ってもらう」という行為などが該当します。

[2] 代理行為の要件

代理行為を有効に成立させるには、次の条件を満たすことが必要です。

❶代理権の授与
⇒本人より代理人に代理権が与えられていること

❷顕名（けんめい）
⇒相手方に、自分が誰の代理人であるかということを示すこと

代理人による顕名のない場合は、誰かの代理人であるということがわからないので、本人ではなく、代理人本人のためにした契約とみなされます。したがって、代理人と相手方との間に効果が帰属します。ただし、相手方が、代理人であることを知っていたり（悪意）、知ることができたとき（善意・有過失）は、本人と相手方との間に効果が帰属します。

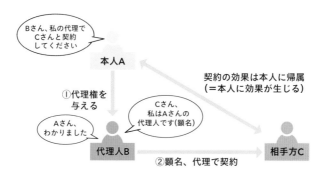

［3］ 代理の種類と範囲

代理には2種類あります。

●代理の種類と範囲

法定代理	未成年者の親権者や、成年後見人などが代表例。任意代理のように本人の意思で代理人を選ぶのではなく、法律の規定により特定の立場の者が代理人になる。制限行為能力者が法定代理人となる場合もある(親権者が制限行為能力者だった場合など) 代理権の範囲 本人の意思ではなく、代理権を定めた法律の規定で定まる
任意代理	本人が自分の意思で代理人を選び、一定範囲の代理権を与える。委任による代理人ともいう。なお、**制限行為能力者であっても、代理人になることができる** 代理権の範囲 その代理権を与えられたときに定められた範囲内で行う

ココに注意!

任意代理の場合、制限行為能力者（たとえば未成年者など）を代理人として選任した場合は、その代理行為については制限行為能力者ということを理由に取り消すことができません。制限行為能力者であると知りながら、代理人に選んだ本人の責任となるからです。これに対して、制限行為能力者が他の制限行為能力者の法定代理人であった場合は、法定代理人の行為について、制限行為能力者であることを理由に取り消せます。

●代理権の範囲が定められていない場合

代理権の具体的な内容が決まっていない場合は、次の3つの行為しか行うことができません。

①保存行為	建物の修繕など、現状を維持する行為
②利用行為	家を賃貸して賃料を得るなど、収益をもたらす行為
③改良行為	断熱窓にするなど、家屋に造作をして、使用や交換価値を高める行為

［4］自己契約・双方代理等

自己契約、双方代理をした場合は、代理権がないものの行為としてみなされます。これらの行為は、事実上代理人がひとりで契約をすることになり、依頼者である本人のためにならない（利益を害してしまうことがある）からです。また、同様の理由で代理人と本人の利益が相反する行為についても、代理権のないものの行為としてみなされます。

❶自己契約

代理人が契約する相手方になり、本人と契約することです。
例）AとBが売買契約を締結するときに、買主Bが売主Aの代理人となる

❷双方代理

代理人が本人と相手方、双方の代理人となることです。

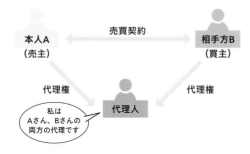

例外

自己契約や双方代理が認められる場合

①本人の許諾がある
②債務の履行をする

⇒本人の利益を害するおそれがないため、有効にできるとされています。
例）代金を支払う、売買契約の締結による所有権移転登記申請（買主が売主を代理する、司法書士が双方を代理するようなケース）など

［5］代理人が詐欺や強迫にあったら？

たとえば、代理人が行った契約に、詐欺や強迫、錯誤、心裡留保などがあった場合は、取り消すかどうかなどは、代理人を基準として判断します。代理人がだまされて契約をした場合は、本人が契約を取り消すことができます。

●代理人が相手方から詐欺・強迫を受けたとき

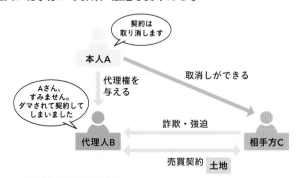

基準は代理人
契約の効力に影響があるかどうかは、
代理人を基準として判断する

ココに注意！

代理人が相手方を詐欺・強迫したときには、本人が善意つまり代理人のそうした行為を知らない場合であっても、相手方は契約の取消しが可能です。あくまで代理人を基準として考えます。しかし、本人が特定の契約などを代理人に依頼した場合、たとえば、相手方の錯誤について本人は知っていた（悪意）が、代理人は知らなかった（善意・無過失）の場合もあります。この場合は、代理人についてではなく、本人が相手方の錯誤について知っていたことをもって、相手方は錯誤を理由に取り消すことができます。また、本人が自分がダマされていることを知りながら、代理人に契約を依頼した場合、後になって代理人がダマされていたことを理由に、その契約の取消しを本人が主張することはできません。

［6］代理権の消滅

次の場合、代理権は消滅します。

●代理権の消滅事由

代理の種類	本人	代理人
法定代理の場合	死亡	①死亡 ②破産手続開始の決定 ③後見開始の審判
任意代理の場合	①死亡 ②破産手続開始の決定 ③代理の解約告知	①死亡 ②破産手続開始の決定 ③後見開始の審判 ④代理の解約告知

●本人が後見開始の審判を受けた場合でも、代理権は消滅しません。
●本人や代理人が死亡した場合、代理権は消滅します。

＼過去問を解こう／

（平成22・問2-1）

 Q AがA所有の甲土地の売却に関する代理権をBに与えた場合、Aが死亡した後であっても、BがAの死亡の事実を知らず、かつ、知らないことにつき過失がない場合には、BはAの代理人として有効に甲土地を売却することができる。

 A ✕ Bがその事実を知らなくても、本人Aの死亡によってBの代理権は消滅します。この場合、BはAの代理人として有効に甲土地を売却できません。

2 復代理

[1] 復代理とは

復代理は、本人の代理人
として、さらに代理人（復
代理人）を選ぶことです。
本人および第三者に対し
て代理人と同一の権利を
もち、義務を負います。

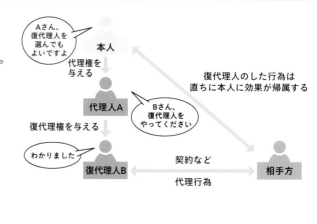

復代理人のした行為は
直ちに本人に効果が帰属する

ココに注意！

復代理は、代理人の代理ではありません。

[2] 復代理人の選任と責任

●復代理人の選任と責任

種類	復代理人を選任できる場合	代理人の責任
法定代理	自己の責任で選任できる	**原則** 全責任を負う **例外** やむを得ない事由により復代理人を選任したときは、選任および監督について、本人に対して責任を負う
任意代理	**原則** 選任できない **例外** ①本人の承諾を得たとき ②やむを得ない事由があるとき（代理人が事故にあったなど）	本人と代理人との間の委任契約の内容によっては、責任を負う

［3］復代理人の権限

復代理人の持つ権限については、次のとおりです。

復代理人の持つ権限
①復代理人は本人の代理人として、本人および第三者に対して代理人の権利を有し、義務を負います。
②復代理人の代理権の範囲は、代理人の代理権の範囲内に限られます。
③代理人の代理権が消滅すると、復代理人の代理権も消滅します。
④代理人の代理権は、復代理人を選任しても消滅しません。

過去問を解こう

（平成21・問2-3）

AがA所有の土地の売却に関する代理権をBに与えた場合、Bは、自らが選任及び監督するのであれば、Aの意向にかかわらず、いつでもCを復代理人として選任して売買契約を締結させることができる。

Bは任意代理人なので、原則として本人であるAの許可を得ることなく復代理人を選任できません。「本人の許諾がある場合」「やむを得ない事由がある場合」にのみ、復代理人を選任できます。

3 無権代理

[1] 無権代理とは

代理権がないのにもかかわらず、代理人のふりをして行われた行為を無権代理行為といいます。無権代理には、一応代理権は与えられているけれど、代理行為が与えられた代理権の範囲を超えている場合も含まれます。なお、無権代理人が売買契約などの法律行為を行っても、本人に対してその効力は及びません。

●無権代理の効果

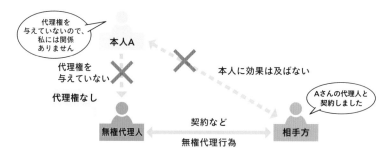

ただし、本人が無権代理人の行為を追認すると、その行為は契約の時にさかのぼって効果が生じるため、有効な代理行為となります。

[2] 無権代理の相手方の保護

無権代理人と契約した相手方は、次の対応をとることができます。

●相手方の権利

催告権	相手方が、本人に対して相当の期間を定めて無権代理人の行為を認めるかどうか、催告できる権利 ・本人の確答がなければ、追認拒絶とみなす ・**相手方の善意・悪意を問わず認められる**
取消権	無権代理であることを知らなかった（善意）相手方は、本人が追認をしない間は、契約を取り消すことができる ・本人が追認したときは、契約を取り消すことができない ・**相手方が善意のときに認められる**
無権代理人への 責任追及権	無権代理人に対して、契約の履行や損害賠償を請求できる ・**相手方が無権代理につき善意・無過失のときに認められる** ・**無権代理人が制限行為能力者の場合は責任追及できない**

ココに注意！

相手方が無権代理であることを知っていたり（悪意）、過失によって知らなかった（善意・有過失）とき、また無権代理人が制限行為能力者であったのなら、無権代理人は責任を負う必要はありません。制限行為能力者は保護されるからです。

［3］無権代理人と相続

❶無権代理人が本人を相続した場合

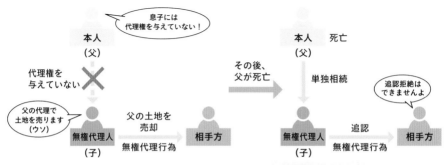

無権代理行為は有効となります。

本人と無権代理人が親子の関係にあり、本人（父）に無断で子が父の土地の売買契約など（無権代理行為）を行った後に、本人（父）が追認や追認拒絶をせずに死亡し、無権代理人である子が本人（父）を単独で相続した場合は、無権代理人は追認を拒絶することはできません。相続によって無権代理人の地位と本人の地位が同じになるため、無権代理行為が有効になるのです。このような場合に拒絶を認めるのは、信義則に反すると考えられるからです。

❷本人が無権代理人を相続した場合

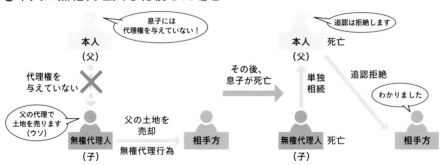

本人は追認を拒絶できます。

無権代理人が無権代理行為後に死亡し、本人が無権代理人を相続した場合は、相続人である本人が追認拒絶をしてもかまいません。本人とは関係のないところで、無権代理人が勝手に結んだ契約の責任まで負わせるわけにはいかないからです。

ココに注意!

本人が無権代理人を相続した場合は、無権代理人の立場を承継することになります。つまり、無権代理人の行為に対する責任も受け継ぐのです。そのため、相手方が善意・無過失の場合、その契約の履行ができないときは、損害賠償の請求をされることがあります。

[4] 代理権の濫用

土地の売却の代理を依頼された代理人が、代理で契約を行い、代金を着服し、自分の借金の返済に充ててしまったとします。原則として、代理人は代理権を与えられた範囲の行為を行っているので無権代理とはなりません。しかし、代理人が代金を着服しようとしていることを相手方が知っている、あるいは知ることができたときはどうでしょうか。この場合は無権代理行為とされます。このように代理人が自己または第三者の利益を図る目的で代理権の範囲内の行為をした場合には、相手方が代理人のその目的を知り、または知ることができたときは、その行為は、代理権を有しない者がした行為とされ、本人の追認がなければ効果は本人に帰属しません。

過去問を解こう　(令和2(12月)・問2-1・改)

Q　AがBに対して、A所有の甲土地を売却する代理権を令和6年7月1日に授与した。Bが自己又は第三者の利益を図る目的で、Aの代理人として甲土地をCに売却した場合、Cがその目的を知り、又は知ることができたときは、Bの代理行為は無権代理とみなされる。

A　○　BはAから代理権を得て、その代理権の範囲内の行為をしたとしても、自己または第三者の利益を図る目的で代理行為を行っているので、代理権の濫用となります。この場合、相手方が悪意または有過失の場合は、無権代理行為となります。

4 表見代理

[1] 表見代理とは

代理権がないのに、相手方にとって代理権があるように見えること。**相手方が善意・無過失である場合には、代理行為は有効となり、本人に効果が帰属**します。あくまで相手方が「無権代理人に代理権がある」と思うことに正当な理由があることが重要です。

●表見代理

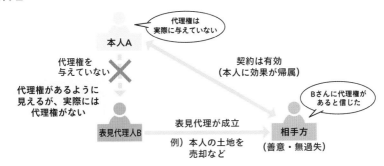

[2] 表見代理が成立する場合とその効果

表見代理が成立する場合は、次の3つです。❶〜❸のいずれかに該当し、無権代理であることについて相手方が善意・無過失であれば、表見代理は成立し、代理行為は有効となります。ただし、相手方が代理人と称する者に本当は代理権がないことを知っていた（悪意）ときや、知らないことについて過失がある（善意・有過失）ときには表見代理は成立しません。

❶代理権授与の表示による表見代理

実際には代理権を与えていないのに、代理権を与えているような状況を本人が作り出している場合

例）**本人Aが代理権を与えていない無権代理人Bに白紙の委任状を渡したところ、Bが相手方Cに家を売却してしまった**

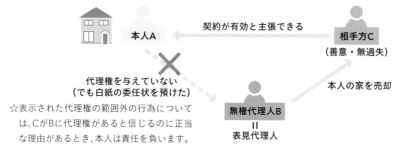

☆表示された代理権の範囲外の行為については、CがBに代理権があると信じるのに正当な理由があるとき、本人は責任を負います。

❷権限外の行為の表見代理

一定の代理権を与えられた者が、実際の代理権の範囲を超えて代理行為を行った場合

例）**本人Aから家を賃貸する代理権しか与えられていない無権代理人Bが、相手方Cに家を売却してしまった**

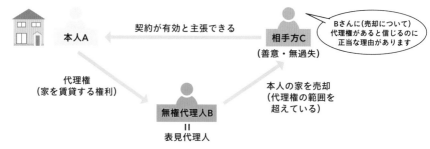

❸代理権が消滅したのに代理行為をした場合

代理権が消滅した後にもかかわらず、まだ代理人として代理行為をした場合

例）**本人Aから与えられた代理権が消滅しているにもかかわらず、無権代理人Bが相手方Cに家を売却してしまった（元の代理権の範囲は超えていない）**

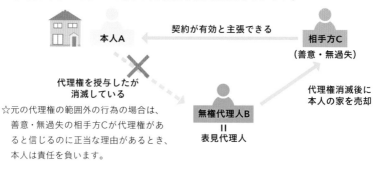

☆元の代理権の範囲外の行為の場合は、善意・無過失の相手方Cが代理権があると信じるのに正当な理由があるとき、本人は責任を負います。

ココに注意！

表見代理の場合は、あくまで本人にも過失があって、無権代理人に代理権があるかのようにみえる、ということで、本人よりも相手方が保護されるのです。また、相手方からの表見代理の成立の主張がなければ、契約は無効のままとなります。

過去問を解こう

過去問 ①

（令和3（12月）・問5-2）

Q BがAに代理権を与えていないにもかかわらず代理権を与えた旨をCに表示し、Aが当該代理権の範囲内の行為をした場合、CがAに代理権がないことを知っていたとしても、Bはその責任を負わなければならない。

A   CはAに代理権がないことを知っています。したがって、本人BはAに代理権を与えた旨をCに表示しても、表見代理は成立しないため、Bが責任を負うことはありません。

過去問 ②

（令和2（12月）・問2-3・改）

Q AがBに対して、A所有の甲土地を売却する代理権を令和6年7月1日に授与した。AがBに授与した代理権が消滅した後、BがAの代理人と称して、甲土地をCに売却した場合、AがCに対して甲土地を引き渡す責任を負うことはない。

A 代理権消滅後の行為で、Cが善意・無過失の場合であれば、表見代理が成立します。このとき、本人Aと相手方Cの間の売買契約は有効となり、本人Aは相手方Cに土地を引き渡す義務が発生します。

時効

時効は一定期間の経過によって法的な効力が発生する制度です。
権利を取得できる取得時効と、
権利が消滅する消滅時効の2種類ありますが、
時効と認められるまでの期間や要件をはじめ、
時効の更新事由について、
みていきましょう。

1 時効とは

時効とは、ある事実状態が一定期間にわたって続いた場合に、その継続した状態を、正しい権利に基づくものとして扱うことを法律で認める制度のことです。時効の種類には、取得時効と、消滅時効の2つがあります。

2 取得時効

［1］取得時効とは

一定の期間、他人の物を所有の意思を持って占有し続けることによって、自分の物にする権利を取得することです。

● 取得時効

例）他人の所有している土地を一定期間、自分の物として使っていると、自分の所有物にできる

土地　B　　一定の期間Bが占有　　　　Bが所有権を取得

所有者Aの土地

ココに注意！

所有権と地上権、地役権などの用益物権については、時効により権利を取得できます。

☆所有権、用益物権については、**講義5「物権変動」**(p54〜)で詳しく学びます。

45

〔2〕取得時効の要件

❶所有権の取得時効

一定の期間、所有の意思をもって、平穏、かつ、公然と他人の物を占有している者は、その所有権を取得できます。この場合、他人の物であるかどうかを知っていた（悪意）か、知らなかった（善意）かで、時効完成に必要な期間は異なります。

①占有を始めた時から、善意、かつ、無過失の場合→10年間(☆)
②占有を始めた時から、悪意、または有過失（善意・有過失）→20年間

☆途中で他人の物であることを知ったとしても、10年で時効取得できます。

 用語解説 **所有の意思**
　　　　　　　自分の物とする意思がある、ということです。

取得時効の起算日
物の占有を始めた時からです。また、占有の開始時に、善意・悪意、有過失・無過失だったかで、取得時効の期間が決まります。

❷所有権の取得

たとえば、借家に住んでいる者は、所有の意思を持って住んでいる訳ではないため、何年経過しても所有権を時効で取得することはありません。

〔3〕占有の承継

たとえば、占有者が死亡したりした場合、占有者の相続人や占有者からの不動産の買主などは、前の占有者の占有を引き継ぐか、引き継がないかを決めることができます。**占有を引き継ぐ場合には、前の占有者の占有期間を通算する**ことが可能です。これを占有の承継といいます。ただし、前の占有者の占有を引き継ぐ場合は、前の占有者の悪意または有過失などについても引き継がなければなりません。

■所有者Cの土地をAが占有し、Bに売却した場合

土地売却

占有者A
土地
└ 所有者C

B

①善意・無過失のAが土地を7年間占有し、悪意のBに売却した場合

Aが7年間占有　売却　Bが3年間占有

Aは占有開始時
善意・無過失

占有者A
善意・無過失

Bは占有開始時
悪意

B
悪意

取得時効が完成

計10年間

⇒占有の開始時にAが善意・無過失なので、Bは3年間の占有で取得時効を完成できます。

②占有開始時に悪意のAが土地を15年間占有し、善意・無過失のBに売却した場合

（1）前占有者Aの占有期間15年を承継する場合

Aが15年間占有　売却　Bが5年間占有

Aは占有開始時
悪意

占有者A
悪意

Bは占有開始時
善意・無過失

B
善意・無過失

取得時効が完成

計20年間

⇒前占有者Aの占有期間15年を承継する（悪意の承継）場合、残り5年で取得時効を完成できます。

（2）B自身の占有期間を主張する方法

Aが15年間占有　売却　Bが10年間占有

Aは占有開始時
悪意

占有者A
悪意

Bは占有開始時
善意・無過失

B
善意・無過失

取得時効の完成

Bの10年間

⇒Bは善意・無過失を主張すれば、占有開始から10年で時効取得できます。

☆Bは上記（1）と（2）のどちらも選べますが、（1）の方が取得時効を早く完成できます。

A所有の甲土地を占有しているBが父から甲土地についての賃借権を相続により承継して賃料を払い続けている場合であっても、相続から20年間甲土地を占有したときは、Bは、時効によって甲土地の所有権を取得することができる。

 ✕ この場合、賃借人の相続人であるBは賃料を払い続けているので、所有の意思があることにはならず、時効による所有権の取得はできません。

③ 消滅時効

［1］消滅時効とは

権利を行使しない状態が一定期間継続することによって、権利が消滅する時効のことです。たとえば、お金を貸していても、一定期間返済を請求しないでいると、返金を主張できなくなる、というケースが該当します。

ココに注意！

 権利を行使しない状態が一定期間継続することによって、所有権以外の財産権については、すべて時効で消滅します。所有権以外の財産権とは、地上権、永小作権、地役権などのことです。所有権については、時効で消滅しないので注意しましょう。

［2］時効期間の満了

時効期間が満了となる場合は、次のとおりです。

①債権→権利を行使できる時から**10年**
  （人の生命または身体の侵害による損害賠償請求権については20年）
  権利を行使できることを知った時から**5年**
②債権または所有権以外の財産権→権利を行使できる時から**20年**
  （地上権・永小作権・地役権など）
③判決により債権の存在が確定した場合→確定した時から**10年**
  （確定の時に弁済期が到来していない債権を除く）

［3］債権の消滅時効の起算日

権利を行使することができる時、または権利を行使できることを知った時が、起算点となります。

●消滅時効の起算日（権利を行使することができる時）

債権の種類	消滅時効の起算日
確定期限の定めのある債権	期限が到来した時 例）4月1日が借金の返済期限なら、4月1日
不確定期限の定めのある債権	期限が到来した時 例）「祖父が死んだら支払う」というように、到来することは確実だけど、時期が不確定の場合は、期限到来時から
期限の定めのない債権	債権が成立した時 例）期限を定めないでお金を貸した場合は、債権成立時（契約をした時から）

過去問を解こう

（令和2(10月)・問10-4）

 Aが甲土地を使用しないで20年以上放置していたとしても、Aの有する甲土地の所有権が消滅時効にかかることはない。

   所有権は、時効で消滅しません。

4 時効の更新

［1］時効の更新とは

時効の更新とは、時効の進行を停止させ、それまでの時効の期間をゼロにすることです。ようするに、時効が更新すれば、スタート地点に戻ることになります。

●時効の更新

［2］時効の更新事由

時効は次の事由で完成が猶予または更新します。なお、一定の事由が生じている間、時効が完成しないことを「時効の完成猶予」といいます。

①裁判上の請求	裁判所に訴えたときに、時効の完成が猶予される。確定判決により、権利が確定すると更新されるが、訴えが却下された場合は、更新の効力は生じない
②支払督促	債権者のかわりに裁判所が債務者に対して、弁済を求めること。これにより、時効の完成が猶予される。権利が確定すれば、時効は更新する
③和解および調停の申立て	裁判所への和解の申立てや民事調停法などによる申立てをすること。これにより、時効の完成が猶予され、権利が確定すれば、時効は更新される
④破産手続参加、再生手続参加、更生手続参加	手続き中は時効は完成猶予、確定後に、時効は更新される
⑤強制執行、担保権の実行など	手続きが終わるまで、時効は完成猶予される。手続終了後に時効は更新される
⑥仮差押え、仮処分	６カ月の完成猶予となる

⑦催告	内容証明郵便や口頭などの方法で、義務の履行を請求すること。催告でも時効は猶予されるが、催告後、6カ月以内に裁判上の請求などをしなければ、更新の効力は生じない。また、猶予期間中に再度催告をしても、時効の完成猶予の効力は持たない
⑧承認	債務者が自らの債権を認めること。口頭でその旨を表示したり、債務確認の書面を債権者に渡すことなどが該当する。利息を支払うなどの行為も承認となる。これにより、時効は更新される

［3］更新の効果

時効が更新すると、これまでに継続してきた時効期間の進行がリセットされ、元に戻ってゼロから進行を開始することになります。裁判上の請求によって完成が猶予された時効については、裁判が確定する時まで時効の完成が猶予されますが、裁判により権利が確定した時（請求が認められた時）から新たな時効が進行を開始します。一方で、権利が確定しない場合でも、確定しなかった時から6カ月間は、時効は完成しません。

＼ 過去問を解こう ／

（平成21・問3-3・改）

 Aは、Bに対し建物を賃貸し、月額10万円の賃料債権を有している。この賃料債権の消滅時効において、Aが、Bに対する賃料債権につき内容証明郵便により支払を請求したときは、その請求により消滅時効は更新する。

   内容証明郵便で支払いを請求することは催告にあたりますが、催告後、6カ月以内に裁判上の請求等をしなければ、消滅時効は更新されません。

5 時効の援用と利益の放棄

［1］時効の援用

時効の利益を受ける者が、時効の利益を受ける意思を表示することが援用です。時効が完成したときに、当事者が時効を援用（主張）することで、はじめて時効の効果が生じます。時効が完成したとしても、援用前に債務の承認をすると、その時効を援用できなくなります。時効の完成について知らずに承認したとしてもです。

●時効の援用

何も言わなければ、時効の効果は生じない

援用すると、時効の効果が生じる

> **時効の援用権を持つ者**
> ①時効について正当な利益を有する当事者とその承継人
> ②保証人、連帯保証人
> ③物上保証人
> ④抵当不動産の第三取得者など
> ☆援用は撤回することができません。

［2］時効の利益の放棄

時効の利益はあらかじめ放棄できませんが、時効完成後は放棄できます。 債権者が債務者に強制して、時効利益の放棄の特約を取り付けることが横行すると、時効制度を定めた意味がなくなるからです。

6 時効完成の効力

時効完成の効力は、起算日にさかのぼります。時効の起算日や時効期間は、時効の事実がスタートした時が起算点となります。時効を援用する者自身が起算点を選んだり、時効完成の時期を決めることはできません。

●時効完成の効力
例）他人の土地を占有して時効取得したとき

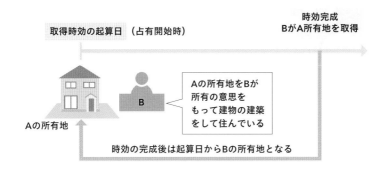

取得時効の起算日 （占有開始時）

時効完成
BがA所有地を取得

Aの所有地をBが
所有の意思を
もって建物の建築
をして住んでいる

Aの所有地

時効の完成後は起算日からBの所有地となる

占有開始時から自分の土地となります。時効取得した時からではありません。

講義5

物権変動

土地の所有権などのことを物権といいます。
また、所有権の移転など（物権変動といいます）は
当事者間の口約束でできてしまいます。
では、その土地の所有者は自分だということを
主張するにはどうしたらいいでしょうか。
日本には不動産登記制度というものがあって、
その土地の所有者として登記されている人（登記名義人）が
権利を主張することができるというルールになっています。
このように自分の権利を登記することを
「対抗要件を備える」といいます。

1 物権と債権

物権とは、物を直接的、排他的に支配する権利のことです。債権とは、債権者が債務者に対して特定の行為を要求する権利のことです。

●物権と債権

物権	物を直接的、排他的に支配する権利のこと **例)** 所有権、地上権、抵当権など
債権	債権者が債務者に対して特定の行為を要求する権利のこと

2 物権の種類

ここでは代表的な物権を紹介します。

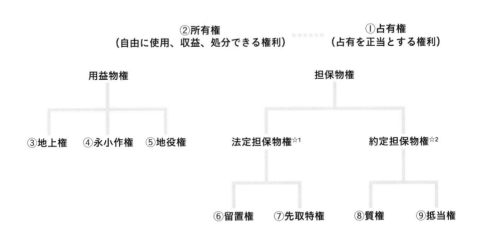

☆1 法定担保物権：法律上自動的に成立する担保物権。
☆2 約定担保物権：当事者の設定行為により生じる担保物権。

● 占有権と所有権

①占有権	物を所持していることと、その所持を自己のためにする意思（占有意思）があることにより成立
②所有権	法令の制限内において、自由にその所有物の使用、収益および処分をすることができる権利のこと

● 用益物権

③地上権	工作物または竹木を所有するために、他人の土地を使用する権利のこと
④永小作権	耕作または牧畜の目的で、他人の土地を利用する権利のこと
⑤地役権	設定行為で定められた目的に従い、自己の土地の便益のために、他人の土地を利用する権利のこと　☆下記の要役地と承役地を参照。

● 担保物権

⑥留置権	占有している物に関して生じる権利 例）修理した時計の代金をもらうまで、その時計を持ち主に返さず手元に置いておくことができる権利
⑦先取特権	法律で定められた特殊な債権を有する者が、債務者の財産から他の債権者に先立って優先して弁済を受けることができる権利 例）建築工事の際に、あらかじめ先取特権の登記をする。この建築工事の先取特権は、登記の順にかかわらず、抵当権に優先する
⑧質権	債権者が債権の担保として、債務者または第三者から受け取った物を、債務の弁済を受けるまで留置して、弁済がないときは、その物から優先的に弁済を受けることができる権利。質屋をイメージすればよい
⑨抵当権	債務者または第三者が債権の担保として、不動産を提供して、弁済がないときは、不動産を競売にかけて優先的に回収できる権利

● 要役地と承役地

地役権が設定されている場合に、他の土地の利用が必要となる土地が要役地です。地役権の設定によって利用される土地が承役地です。

例）甲地の利用者が道路を使うために、隣地を通行させてもらう場合、通行地役権を設定します。この場合、甲地は要役地で、隣地は承役地となります。

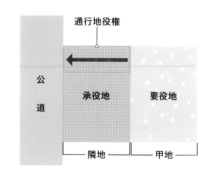

③ 相隣関係

隣り合った所有権を持つ人同士の、権利関係を調整するための規定が設けられています。この規定のことを相隣関係といいます。

［1］通行地役権の時効取得

通行地役権も、時効により取得することができます。通行地役権を時効取得するには、通行をするものが、他人からも認識可能な通路を承役地に開設して、10年（善意）または20年（悪意）の間、継続的に使用することが必要です。**通行するものが、通路を自ら開設しなければならない**という部分がポイントです。

［2］袋地の土地から他人の土地を通って公道に出る権利

公道に接していない土地の所有者が、公道に出るために、他人の土地を通行する権利です。たとえば右図の甲地（袋地）は、周辺を囲んでいる土地を通らないと公道に出られません。このとき、甲地の所有者は、公道に出るために他人の土地のうち最も損害の少ないところを選んで、有償（ほかの土地の所有者にお金を支払う）で通行することができます。

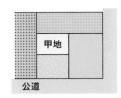

●**分割によって袋地となった場合**

甲地が公道に接しなくなると、甲地の所有者は乙地を無償で通行する権利があります。

その他の相隣関係
①境界付近の塀や建物の建築、修繕、境界調査など必要な範囲内で、隣地の使用ができます。
②建物を建築するときは隣地境界線から50cm以上離さなければなりません。
③隣地境界線から1m未満の距離で、隣地の宅地を見渡せる窓などを設けるときには、目隠しをつけなければなりません。
④隣地から木の枝が越境してきた場合は、所有者に伐採をするように催告ができ、催告しても、切除してくれないときや、隣地の所有者が不明、急迫の事情があるときは、自ら切り取ることができます。
⑤隣地から木の根が越境してきたときは、越境された側で切り取ることができます。
⑥隣地から水が自然に流れてくるのを妨げてはいけません。
⑦電気、ガス、水道を通すために必要な範囲内で他人の土地や設備を使用できます。この場合は、償金・費用を負担する必要があります。

4 不動産に関する物権変動の対抗要件

〔1〕物権変動と登記の関係

不動産の物権変動を示す方法は、登記です。不動産に関する所有権の移転や抵当権の設定といった物権の変動は、登記がなければ第三者に対抗することができません。つまり、先に対抗要件（不動産の場合は登記）を備えた者が、自分の権利を主張（対抗）できるのです。

●Aが、所有する土地を、BとCに二重譲渡をした場合

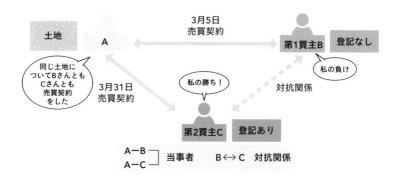

先に所有権移転登記を済ませたほう、

つまり、Cが土地の所有権取得を主張できます。

この場合、第三者は売買契約が二重に行われたことについての善意・悪意を問いません。第三者に対抗するためにも、登記が必要になります。

ココに注意！

不動産の二重譲渡の場合、売主が不動産を第三者に譲渡して、第三者への所有権移転登記がされたら、最初の買主に対する売主の債務は、よほどの事情がない限り、第三者への所有権移転登記が完了した時点で履行不能が確定します。最初の買主は、二重譲渡した売主に対して、債務不履行に基づく損害賠償請求をするしかなくなります。

[2] 登記がなくても所有権を対抗できる相手

次の者に対しては、登記をしなくても権利を対抗することができます。

❶不法占拠者

例) Bは、Aが所有する建物を買い受けたが、所有権移転登記をしていない。その建物に全く
の無権利者C(賃貸借契約が終了しているのに明渡しをしない者など)が不法占拠をし
ている場合

　⇒買主Bは、無権利者Cに対して、登記がなくても所有権を主張できます。

❷背信的悪意者

例) Aから土地を購入したBが、まだ登記を備えていないことを知り、CがBに高値で売りつ
け困らせてやろうとAをそそのかし、AからAの土地を買い受けて登記をした場合

　⇒この場合、Cは背信的悪意者(悪だくみをする者)となるので、買主Bは、登記がなくて
もCに所有権を主張できます。Cは登記があっても保護されないのです。

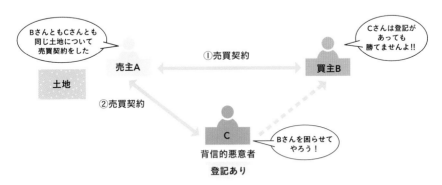

ココに注意!

　Cが単なる悪意の場合は、登記があればBに所有権を主張できます。

❸詐欺または強迫によって登記申請を妨げた者

例）AからAの土地を買い受けたBが所有権移転登記をする間に、Cが売主Aを強迫して先に所有権移転登記をした場合

⇒買主Bは、Cに対して登記がなくても所有権を主張できます。

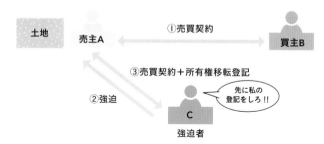

❹他人のために登記申請の義務があるのに、自分の名義で登記した者

例）Cが土地の売主Aと買主Bから登記の申請を依頼されたにもかかわらず、必要な書類が揃っているのをいいことに、自分の名義で土地の移転登記をした場合

⇒買主Bは、Cに対して登記がなくても所有権を主張できます。

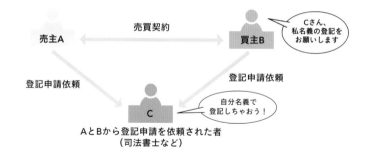

\過去問を解こう／

（平成20・問2-1）

所有権がAからBに移転している旨が登記されている甲土地の売買契約において、CはBとの間で売買契約を締結して所有権移転登記をしたが、甲土地の真の所有者はAであって、Bが各種の書類を偽造して自らに登記を移していた場合、Aは所有者であることをCに対して主張できる。

   ○ Bは書類を偽造しているので、真の権利者ではありません。そのBから土地を買う契約をしても、Cに所有権は移転しません。この場合、Aは自分が所有者であることをCに主張できます。

5 登記がなければ第三者に対抗できない場合

ここでは、二重譲渡と似た関係になるときに、登記がなければ第三者に対抗できないケースをみていきます。

[1] 売買契約の解除と登記

契約を解除した場合は、はじめから契約がなかったことになります。契約の解除前や後に所有権を備えた第三者がいた場合、どうなるのでしょうか。

❶解除前の第三者

例）Aが所有地をBに売却した。Bの債務不履行を理由にAは売買契約を解除したが、契約解除前にBがCに転売していた場合

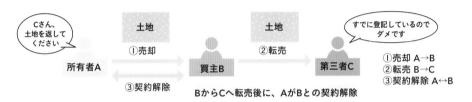

BからCへ転売後に、AがBとの契約解除

Cは、登記をしていれば、Aに対して所有権を主張できます。

Cが所有権移転登記を済ませている場合は、Cの善意、悪意にかかわらず、AはCに対して土地の返還を請求できません。逆にいうと、Cが登記を備えていなければ、Aは土地の返還請求ができます。このように、解除前の第三者Cに登記が備わっているかどうかで決まるので、Cの善意、悪意は問いません。

❷解除後の第三者

例）Aが所有地をBに売却した。Bの債務不履行を理由にAは売買契約を解除したが、契約解除後にBがCに転売した場合

AがBとの契約解除後に、BからCへ転売

AとCは、先に登記をしたほうが所有権を主張できます。

この場合、Aは契約解除により登記を戻せる状態、CはBとの売買契約により登記ができる状態です。2人とも自分の名義に登記できる状態なら、先に登記を備えたほうが、所有権を主張できるのです。

ココに注意！

結局、第三者が自ら権利を保護するためには、転売の時期が解除の前後のどちらであっても登記を備える必要があります。

［2］売買契約の取消しと登記

❶取消し前の第三者

例）AはBの詐欺により、Aの土地をBに売却した。その後BがCに転売していたが、Bの詐欺を理由にAが売買契約を取り消した場合

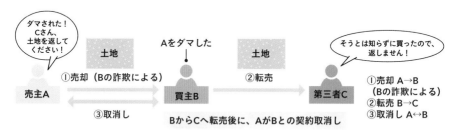

Cが善意・無過失か悪意かで、AはCに対抗できるかどうかが決まります。

第三者Cが所有権移転登記を済ませていても、Cが悪意であれば、AはAB間の取消しの効果をCに主張できます。逆に第三者Cが善意・無過失であれば、AはAB間の取消しの効果をCに主張できません（p27参照）。

ココに注意！

詐欺とは異なり、強迫の場合は、取消し前の第三者は、善意・無過失でも保護されません（p28参照）。

❷取消し後の第三者

例1） AはBの詐欺により、Aの土地をBに売却したが、Bの詐欺を理由にAが売買契約を取り消した。その後BがCに転売した場合

AとCは、先に登記を備えたほうが所有権を主張できます。

Aの取消し後、BがCに転売してしまった場合は、Bを中心としてAとCに二重譲渡をした場合と同様に考えます。2人とも登記を備えられる状態なので、先に登記をしたほうが所有権を主張できます（Cの善意、悪意は問いません）。

例2） AはBに土地を売却したが、Aの制限行為能力を理由に取り消した。その後BがCに転売した場合

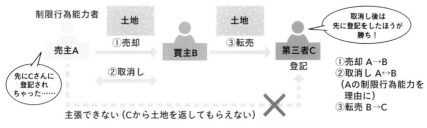

Aは第三者Cから土地を返してもらえません。

Cは取消し後の第三者で、取消し後にCがAよりも先に登記を備えると、Aは制限行為能力を理由とした契約の取消しをCに主張することはできません。取消し後の第三者は、たとえ悪意であっても登記を備えれば保護されるのです。

［3］時効と登記

❶時効完成前の第三者

例）BはAが所有する建物を占有している。Bの取得時効が完成する前に、Aが第三者Cに家を売却し、登記を移転したが、その後もBが占有を続けて取得時効が完成した場合

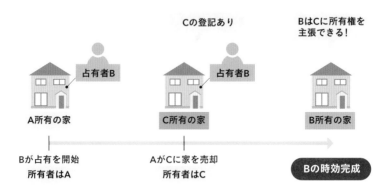

Bは登記がなくても、Cに所有権を主張できます。

買主Cが所有者Aから建物を取得した後に、占有者Bを排除すれば別ですが、CもBに占有を続けさせたのであれば、Bは時効期間の経過により、元A所有の建物を時効取得することになります（時効期間は、当初の占有開始時から数えます）。この場合、Bは登記を備えていなくても、Cに対して時効による所有権の取得を主張できます。この場合、時効の完成時点でBに登記がないのは当然なので、登記がなければ時効取得ができないということはありません。

❷時効完成後の第三者

例）BはAが所有する建物を占有している。Bの取得時効完成後に、Aが第三者Cに家を売却した場合

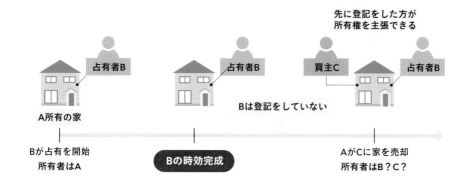

先に登記をした方が所有権を主張できる

Bは登記をしていない

Bは登記がなければ、Cに所有権を主張できません。

Bは時効が完成したなら、時効を援用して、Bが所有者である旨の登記を備えることができます。登記をしなかった場合は、AがBとCに二重売買したことと同様になります。つまり、先に登記をした方が勝つのです。時効が完成したとしても、Bは登記がなくては時効完成による所有権の取得をCに主張することはできません。先にCが登記をすると、BはCに負けてしまいます。

過去問を解こう
（平成24・問6-1）

A所有の甲土地につき、時効により所有権を取得したBは、時効完成前にAから甲土地を購入して所有権移転登記を備えたCに対して、時効による所有権の取得を主張することができない。

この場合、Bは時効取得者でCは時効完成前に所有権を取得した第三者なので、BはCに対して、登記がなくても時効による所有権の取得を主張できます。順序を考えると、AからCに所有権が移転された後、Bの時効が完成していますので、Bは時効を援用することにより、Cに所有権を対抗できます。

〔4〕相続と登記

❶相続人がいる場合

例）売主AがBに土地を売却した後死亡し、CがAを単独相続した場合

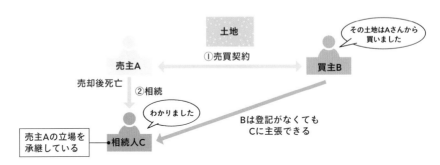

買主Bは相続人Cに対して、登記がなくても土地の所有権を主張できます。

BはAの相続人Cに対して、登記がなくても土地の所有権を主張することができます。CはA
を相続するのでAと同視され、Bとの関係は当事者の関係となり、対抗関係にならないから
です。

❷相続人からの譲受人がいる場合

例）売主AがBに土地を売却した後死亡し、CがAを単独相続したが、CがDに土地を売却し
　　た場合

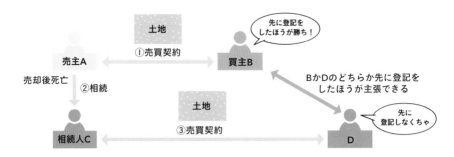

BはDに対して、登記がなければ土地の所有権を主張できません。

相続人Cから土地を譲り受けたDと買主Bとの関係は、二重譲渡をした場合と同様に考えます。
この場合、BはDに対して、登記がなければ土地の所有権を対抗することはできませんし、Dも
登記がなければBに自らの所有権を主張できません。

6 共有

［1］共有とは

共有とは、1つの物を複数の者で共同で所有することです。

［2］共有持分（きょうゆうもちぶん）

共有持分とは持分権のことで、各共有者が共有物に対して持っている所有権の割合
をいいます。持分の割合は、法律の規定や共有者間での合意で定まりますが、持分
が不明の場合は均等と推定されます。**各共有者は、共有物の全部について、持分に
応じて使用、収益ができ、自己の持分を自由に処分することができます。**

●持分の割合

☆土地や建物を半分ずつ使うわけではありません。

自己の持分を超える使用をする場合は、他の共有者に対価を支払う必要があります。また、
各共有者は善良な管理者の注意義務をもって共有物を使用しなければなりません。

［3］共有物の保存・管理・変更

共有物の保存行為は各共有者が単独で行うことが可能ですが、管理行為や変更行為については、一定数の共有者の同意が必要になります。

●共有物の管理者

共有物の管理者は、持分の価格の過半数で選任できます。管理者は管理行為につき共有者の過半数の同意を得なくても行うことができます。

●共有物の保存・管理・変更

①保存行為	共有物の現状を維持する行為 例）不法占拠者への立退き請求、共有物の補修など	各共有者は単独で行うことができる
②管理行為 （利用行為・改良行為、軽微な変更）	共有物を大きく変更しない範囲での利用、改良行為 例）建物の改装、短期賃貸借契約（建物3年、土地5年以下）や解除など	共有者の持分の価格の過半数の同意が必要となる☆1 ⇒長期の賃貸借は全員の同意が必要（特別の影響がある者がいる場合はその者の同意）
③変更行為 （軽微なもの以外）	共有物の性質・形状を物理的に変化させることや、法律的に処分する行為 例）共有物の売却や増改築など	共有者全員の同意が必要となる☆2

☆1 他の共有者が不明、所在が不明、期間内に賛否を明らかにしない場合は、裁判所は残りの共有者の持分の過半数で決するという決定をすることができます。

☆2 他の共有者が不明であったり、所在が不明などのときは、裁判所が不明な共有者以外の共有者のみで同意を得て変更ができるという決定ができます。

ココに注意！

共有物の不法占拠者に対して損害賠償請求も可能ですが、その場合は各共有者が自己の持分の割合に応じた分のみとなります。他の共有者の分まで請求はできません。

［4］共有物の管理費用

各共有者は、共有物の管理費用や固定資産税などを持分に応じて負担します。固定資産税などの支払義務は、共有者全員の連帯債務となっており、債権者はそれぞれの債務者に債務全額を請求することができるのです。誰か1人が全額を支払った場合は、払った人は他の共有者にその者の負担部分を請求できます。共有者のうちの誰かが1年以内に負担義務を履行しないときは、他の共有者で相当の償金を支払い、負担しなかった者の共有持分を取得することができます。

［5］共有持分の放棄および共有者の死亡

共有者の1人がその共有持分を放棄したとき、または死亡して相続人がいないときは、その持分は、他の共有者に帰属することになります。なお、持分の放棄も物権変動となるため、第三者に対抗するには登記が必要となります。

●持分の放棄

Aが持分放棄

A B C

共有持分各 $\frac{1}{3}$

B C

共有持分各 $\frac{1}{2}$

共有者が不明あるいは所在が不明なときは裁判手続きにより、他の共有者はそのものの持分を取得することもできます。

［6］共有物の分割

❶分割請求

各共有者は、いつでも共有物の分割を請求することができます。分割をしない旨の特約をすることもできますが、その契約の期間は5年を超えることができません。契約の期間を更新することもできますが、その期間も更新の時から5年以内となります。不分割の特約は登記をすることができます。

❷裁判による共有物の分割

共有者は分割請求を自由にできます。分割することで、共有関係は解消となります。分割の方法は、共有者全員の協議により、どんな方法でもよく、もし協議が不調なら裁判所に分割を請求することができます。

過去問 ①

（平成23・問3-2）

 共有物である現物の分割請求が裁判所になされた場合において、分割によってその価格を著しく減少させるおそれがあるときは、裁判所は共有物の競売を命じることができる。

 ◯ 共有物の分割について共有者の間で協議が不調のときは、裁判所に分割を請求できます。この場合、たとえば自動車のように共有物である現物を分割できないときや、分割によってその価格を著しく減少させるおそれがあるときは、裁判所は共有物の競売を命じることができるのです。

過去問 ②

（平成23・問3-3）

  各共有者は、共有物の不法占拠者に対し、妨害排除の請求を単独で行うことができる。

◯ 不法占拠者に対しての妨害排除の請求は、保存行為となるため、各共有者が単独で行うことができます。

過去問 ③

（令和2(12月)・問10-4）

 共有者の一人が死亡して相続人がないときは、その持分は国庫に帰属する。

  ✕ 相続人や特別縁故者がいない場合には、他の共有者に帰属します。

物権変動では、取消しや解除前後の違いに注意してね。
取消しや解除後は、原則として
先に登記をしたほうが勝ちます。
両方とも登記できる状態にあるなら、
先に登記をしたほうが、優先されると
いうことです。
二重売買と同じ考え方ですね。

わかりました！

ココは覚えよう！
1コマ講義

講義6

抵当権

抵当権が登場するシーンは、
銀行などの金融機関が住宅ローンを融資する場合などです。
銀行はお金を貸す際に、
その人が持っている不動産に抵当権を設定します。
万が一、お金を借りた人が返済できなくなった場合、
銀行（抵当権者）は抵当権の実行（競売）により
貸したお金の回収を図ります。
このように、債権（貸したお金など）を
確実に回収するために設定する抵当権などのことを、
担保物権といいます。

1 抵当権とは

抵当権とは、住宅ローンなどを借りるときに、土地や建物といった不動産に設定する担保物権のことです。債務不履行(債務者が期限までに弁済をしない)の場合には、抵当権者が抵当権を設定した不動産を競売することにより、その競落代金から優先的に弁済を受けることができます。

●抵当権
例)Bが所有している土地を担保にして、Aから3,000万円を借りる場合

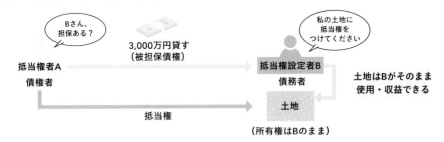

弁済:借金を返すこと
抵当権者:抵当権を持っている人のこと
抵当権設定者:自分が所有している不動産に抵当権を設定した人のこと
被担保債権:抵当権によって担保されている権利

2 抵当権の設定と目的

[1] 抵当権の設定

抵当権は、当事者間の契約によって成立します。契約の当事者は、抵当権者(債権者)と抵当権設定者となります。抵当権設定者は、債務者である必要はなく、第三者(物上保証人)でもかまいません。抵当権は土地や建物といった目的物の引渡しをする必要はなく、抵当権の登記をすれば、第三者に対する対抗要件となります。1つの不動産について複数の抵当権を設定することもできますが、その場合も登記が対抗要件となります。競売の代金からの返済は、登記の早い順に優先されます。

●物上保証人

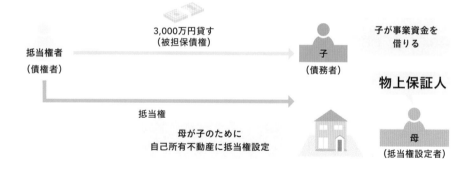

〔2〕抵当権の目的物

抵当権の目的物となるものは、土地・建物といった不動産（所有権）と地上権、永小作権に限られます。不動産の賃借権については、登記がされていても、抵当権を設定できません。

3 抵当権の性質

抵当権には、付従性・不可分性・随伴性・物上代位性の４つの性質があります。

❶付従性
全額弁済によって債権が消滅すれば、抵当権も消滅する、といったように、抵当権はつねに、「抵当権によって担保されている権利（被担保債権）」に付き従って動く性質をもっています。つまり借金を返したら、抵当権は自動的に消えるのです（登記簿から消すには抹消手続きが必要です）。これが付従性です。抵当権の被担保債権が弁済などで消滅した場合は、抵当権の登記が抹消されていなくても、抵当権設定者は、抵当権が消滅したことを第三者に対抗できます。

☆**2**-[1]抵当権の設定の物上保証人の図で、もし母が抵当権者に3,000万円全額弁済すれば、抵当権は消滅します。

❷不可分性
債権の一部が弁済によって消滅しても、抵当権の効力は目的物の全体に及びます。つまり、債権が全額消滅するまで、目的物である抵当不動産の全部に効力が及ぶ、というわけです。

☆**2**-[1]抵当権の設定の物上保証人の図で、もし母が抵当権者に1,500万円を弁済した場合でも、抵当権の効力は半分になるわけではありません。母所有の不動産の全部について効力が及びます。

❸随伴性

抵当権は、被担保債権が譲渡されることに伴い移転します。

例）AがBに1,000万円を貸して、Bは自分の土地に抵当権を設定した。
その後、AがCに債権を譲渡した場合

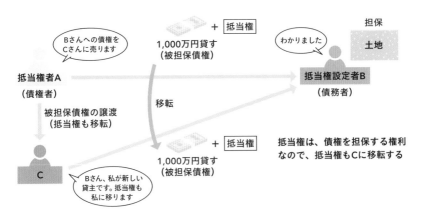

❹物上代位性

担保目的物である不動産が火事で焼失したり、売却されたりした場合には、抵当権設定者が受け取るべき火災保険金や売却代金などの金銭等について、差押えすることができます。これを物上代位といいます。ただし、物上代位を行使するには、抵当権設定者に金銭等の払渡しまたは引渡しが行われる前に差し押さえることが必要です。

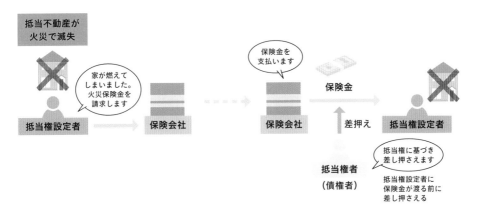

> Ｑ　Aの抵当権設定登記があるB所有の建物が火災によって焼失してしまった場合、Aは、当該建物に掛けられた火災保険契約に基づく損害保険金請求権に物上代位することができる。

A　○　火災保険契約に基づく損害保険金請求権に対して、物上代位することができます。

４ 抵当権の効力

［1］優先弁済が認められる債権の範囲

優先弁済を受けられる額については、抵当権設定当時の元本のほか、利息については満期（支払いをしなければならない時）となった最後の２年分のみとなります。また、債務不履行によって生じた損害賠償も、利息などとあわせて最後の２年分に限られています。これは、後順位抵当権者や一般債権者を保護するためなので、これらの者がいなければ、利息分を全部受け取ることができます。

［2］抵当権の効力が及ぶ目的物

❶土地と建物
土地と建物は別々の不動産なので、土地に設定された抵当権の効力は、土地上の建物には及びません。

❷付加一体物
抵当不動産に付加してこれと一体となった物に及びます。
例）土地上の樹木や、ドアなどの建物の造作といった物
　　☆抵当権設定の前後は問いません。

❸従物と従たる権利

従物

抵当権の効力は、抵当権設定当時に存在した従物に及びます。
例）庭に置かれた石灯籠、建物に備付けの畳や建具、物置など
    特約で、抵当権が及ばないとすることもできます。

従たる権利

借地上の建物に抵当権を設定した場合、抵当権の効力は、建物（所有権）のみならず、建物を建てるための権利（土地の賃借権や地上権）にも効力が及びます。そのため、建物とのセットでの競売となります。このようにしないと、建物の競落人は、他人の土地の上に無権利で建物を所有することになってしまうからです。

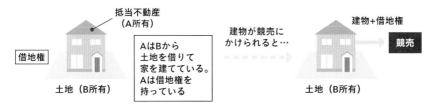

❹抵当不動産の果実

原則的に果実には抵当権の効力は及びません。しかし、債務不履行があったときは、不履行の後に生じた抵当不動産の果実（天然果実、法定果実）には効力が及ぶことになります。下記の図でAが抵当権者Cに借金を返さないなどの債務不履行があった場合、抵当権者Cは、抵当権に基づいて賃借人BがAに支払うべき賃料を差し押さえることができます。

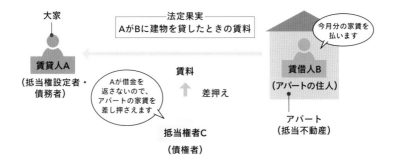

用語解説

天然果実：物の経済的な用途に従い収取する産出物。たとえば、木から産出されるリンゴなどの果物や牛乳といったもの

法定果実：土地や建物を賃貸したときに発生する地代や家賃など

Q 賃借地上の建物が抵当権の目的となっているときは、一定の場合を除き、敷地の賃借権にも抵当権の効力が及ぶ。

 A ○ 借地上の建物に抵当権が設定されていたら、建物だけでなく、敷地の賃借権つまり従たる権利にも抵当権の効力は及びます。

5 抵当権の実行方法

〔1〕抵当権の実行

抵当権者は、抵当権を実行することにより、債権を優先的に回収できます。抵当権の実行は、競売による方法が一般的です。競売は、Aが裁判所に申し立てることで行われます。この申立てにより、差押えの登記がなされます。差し押さえられても、Bは不動産を使用収益できますが、処分することはできません。

●競売の流れ

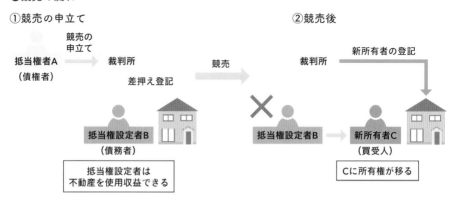

●競売による抵当権の実行

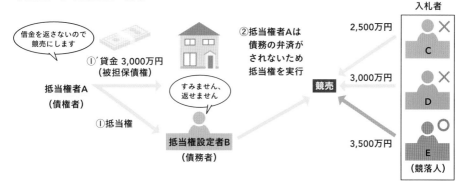

最高額（3,500万円）を入札したEが競落します。これにより、Bは建物の所有権を失い、代金の3,500万円からAは貸付金相当額の3,000万円、Bは残りの500万円を受け取ります。

［2］抵当権の順位の設定・変更

❶順位の設定

１つの不動産に２以上の抵当権が設定される場合もあります。その場合、抵当権の順位は登記の順番で決定します。

❷順位の変更

同一の不動産に対して数人の抵当権者がいる場合、その抵当権者全員の合意があれば、先順位の抵当権と後順位の抵当権との間で順位の変更ができます。

例）抵当権順位の変更

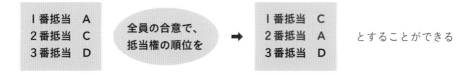

ただし、利害関係者が他にある場合は、その者の承諾が必要です。

ココに注意！

順位の変更は、その旨を登記しなければ効力が生じません。

[3] 抵当権の順位の譲渡

例) 抵当権設定者Bの不動産に、A、C、Dの抵当権者がいる場合

1番抵当権者がA、2番抵当権者がC、3番抵当権者がD、無担保債権者がEとする。なお、Bの不動産の価値は1,200万円とする。

Bの不動産が競売にかけられた場合、弁済を受けられる額は、Aが600万円、Cは600万円、Dは0円、Eは0円です。ここで、抵当権者A（債権額600万円）が後順位抵当権者D（債権額400万円）に抵当権の順位を譲渡した場合、AとDのそれぞれの債権額の範囲内で、抵当権の順位が入れ替わります。DはAの債権額の範囲内の金額で、1番に弁済を受けられます。Cには何の影響もありません。この場合の優先弁済額は次のとおりです。

●A、C、D、Eの
Bに対する債権額

A
1番抵当権者
（債権額600万円）

C
2番抵当権者
（債権額1,200万円）

B
（抵当権設定者）

D
3番抵当権者
（債権額400万円）

Bの土地の不動産価額は
1,200万円と査定する

E
順位なしの
無担保債権者
（債権額200万円）

**全配当金を1,200万円とした場合の
優先弁済額**

D　400万円

A　600万円－400万円＝200万円
　　　　　　　（Dの分）

C　1,200万円－600万円＝600万円
　　（全配当額）　（AとDの分）

☆抵当権のないEに、Aが抵当権を譲る場合を「抵当権の譲渡」といいます。

[4] 抵当権の順位の放棄

[3]抵当権の順位の譲渡の例で考えてみましょう。抵当権者A（債権額600万円）が後順位抵当権者D（債権額400万円）のために抵当権の順位を放棄すると、AとDはそれぞれの債権額について同じ順位となり、1番抵当であるAの債権額からAとDの債権額に応じて配当を受けます。

この場合の優先弁済額は次のとおりです。Cへの弁済額には影響はありません。

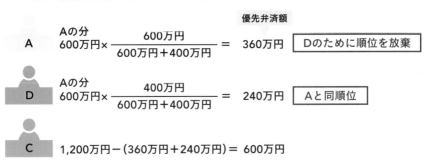

優先弁済額

A　Aの分
600万円× 600万円 / (600万円＋400万円) ＝ 360万円　[Dのために順位を放棄]

D　Aの分
600万円× 400万円 / (600万円＋400万円) ＝ 240万円　[Aと同順位]

C　1,200万円－（360万円＋240万円）＝ 600万円

☆抵当権がないEのために、Aが抵当権を放棄する場合を「抵当権の放棄」といいます。

80

＼ 過去問を解こう ／ （平成25・問5-4）

Q 抵当権について登記がされた後は、抵当権の順位を変更することはできない。

 A ✕ 1つの不動産に2以上の抵当権が設定されている場合、抵当権の順位は、登記の順番で決定しますが、順位は各抵当権者の合意があれば変更可能です。

6 法定地上権

［1］法定地上権とは

抵当権が実行され、競売が行われた場合、土地と建物の所有者が違う人になってしまうことがあります。そうすると、建物の所有者は無権利で他人の土地の上に建物を所有することになってしまいます。場合によっては、立ち退きを迫られるかもしれません。そうならないように、法定地上権の制度で、建物とその権利取得者を保護します。

 用語解説 地上権：講義5「物権変動」のp56でも触れていますが、ここでも解説しておきます。地上権とは簡単にいうと、建物などを建てるために他人の土地を使う権利のことです。

［2］成立要件

成立要件は次の4つです。4つすべてを満たすことが必要です。

法定地上権の成立要件
①抵当権設定当時に、土地の上に建物が存在していること
②抵当権設定時に、土地と建物の所有者が同一人物であること
③土地・建物の一方または双方に抵当権が設定されていること
④抵当権実行（競売）の結果、土地と建物の所有者が別々になること

☆競売の前に転売されても、①〜④の要件を満たせば成立します。

[3] 法定地上権が成立する場合

❶建物に抵当権が設定された場合

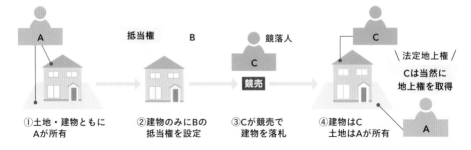

①土地・建物ともに
Aが所有

②建物のみにBの
抵当権を設定

③Cが競売で
建物を落札

④建物はC
土地はAが所有

＼法定地上権／
Cは当然に
地上権を取得

❷土地に抵当権が設定された場合

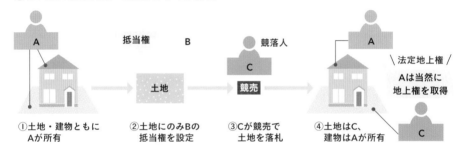

①土地・建物ともに
Aが所有

②土地にのみBの
抵当権を設定

③Cが競売で
土地を落札

④土地はC、
建物はAが所有

＼法定地上権／
Aは当然に
地上権を取得

❸土地と建物に抵当権が設定された場合

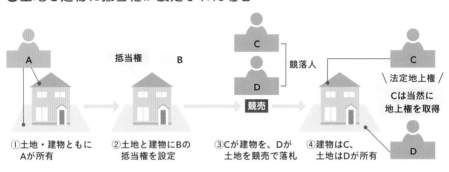

①土地・建物ともに
Aが所有

②土地と建物にBの
抵当権を設定

③Cが建物を、Dが
土地を競売で落札

④建物はC、
土地はDが所有

＼法定地上権／
Cは当然に
地上権を取得

🔢 一括競売

では、土地に抵当権を設定した後、その土地の上に建物を建築した場合はどうなるのでしょうか？　この場合は、法定地上権は成立しません。しかし、土地（更地）に抵当権設定後、抵当地上に建築された建物も土地と一緒に競売することができます。このことを一括競売といいます。こうした制度があるのは、競売により建物の所有者が土地の利用につき無権利者となる問題を防ぐためです。ただし、建物には抵当権の効力は及ばないので、抵当権者が優先弁済を受けられるのは土地の代価についてのみです。建物の代価については、優先弁済を受けることはできません。

●一括競売の流れ

一括競売をしたとしても、Bが優先弁済を受けられるのは、抵当権を設定している土地3,000万円からのみです。建物からは、優先弁済を受けられません。

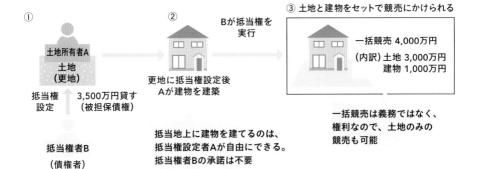

この例で、Bが3,500万円の債権を持っていたとしても、優先弁済を受けられるのは、土地の分の3,000万円だけです。

╲過去問を解こう╱

（令和4・問4-3・改）

 A所有の甲土地にBのCに対する債務を担保するためにCの抵当権（以下、本件抵当権）が設定され、登記がなされた。その後、甲土地上に乙建物が築造された場合、Cが本件抵当権の実行として競売を申し立てるときには、甲土地とともに乙建物の競売も申し立てなければならない。

  ✕ 一括競売に関しては、抵当権者の任意です。土地のみを競売にしてもかまいません。

8 賃貸借の保護

[1] 抵当権設定登記前の賃貸借

抵当権設定登記前に、土地や建物に賃貸借が設定されていれば、賃借人は、抵当権者や競売による買受人に賃借権を対抗することができます。種類は違っても、登記の早い順に優先されるのです。

[2] 抵当権設定登記後の賃貸借

原則として、抵当権設定登記後の賃貸借は、期間に関係なく、抵当権者や競売による買受人に対抗することはできません。

例）抵当権者であるBが抵当権設定登記後に、賃貸人Aと賃借人C間で賃貸借契約をした。その後、Bが抵当権を実行し、Dが競落した場合
　⇒賃借人Cは抵当権者Bおよび買受人Dに対抗することができません。

例外

次の3つの要件が備わっていれば、同意した抵当権者に対抗することができます。

競落人への対抗要件
①登記された賃貸借であること
②賃貸借の登記前に登記したすべての抵当権者が同意していること
③その同意の登記があること

［3］明渡しの猶予

抵当権者に対抗できない賃貸借によって、競売の手続きの開始前から、抵当権の目的となっている建物の使用または収益をする者（抵当建物使用者）は、**競売の買受人が買い受けた時から6カ月を経過するまでに建物を明け渡さなければいけません。**つまり、6カ月の間は明渡しの猶予期間が設けられるのです。ただし、抵当建物使用者は、買受人に対して使用の対価（1カ月分以上の家賃）を支払う必要があり、もし買受人が相当の期間を定めて催告したにもかかわらず、設定された期間内に対価の支払いをしなかった場合は、明け渡すことになります。競売の手続き開始後（建物の差押えのあった後など）に新たに建物を賃借するようになった場合には、そのような猶予はありません。建物の明渡しを求められたら、応じなければなりません。なお、建物賃借権についてはこのような明渡しの猶予期間が設けられますが、土地の賃貸借には適用されません。

⑨ 抵当不動産の第三取得者の保護

抵当不動産の第三取得者とは、抵当権設定者から抵当不動産を購入した者のことです。ただし、抵当権付きの不動産なので、債務者による債務不履行があれば、抵当権の実行によって不動産の所有権を失うことになります。そこで第三取得者を保護するために、「代価弁済」「抵当権消滅請求」といった、抵当権を消滅させるための方法が設けられています。

［1］ 代価弁済

抵当不動産を購入した第三取得者が、抵当権者からの請求に応じて、その代価を弁済した場合、その代価が被担保債権額に満たなくても、抵当権は消滅します。これが代価弁済です。**この代価弁済は抵当権者からの請求がなければできません。**

● 代価弁済
　⇒抵当権者からの請求によります。

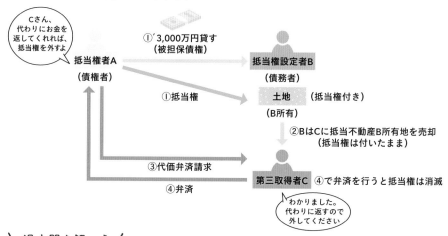

\過去問を解こう/

(平成27・問6-3)

 抵当不動産を買い受けた第三者が、抵当権者の請求に応じてその代価を抵当権者に弁済したときは、抵当権はその第三者のために消滅する。

   問題文のとおりです。抵当不動産を購入した第三者が、抵当権者からの請求に応じてその代価を弁済すると、抵当権はその第三者のために消滅します。

［2］抵当権消滅請求

次は、第三取得者から請求できる場合をみてみます。抵当不動産を取得した第三取得者は、自分が適当と認める額を抵当権者に支払うことを申し出ることで、抵当権の消滅請求をすることができます。この消滅請求は、競売による差押えの効力発生前、つまり抵当権が実行される前までに行う必要があります。

●抵当権消滅請求
⇒第三取得者からの請求によります。

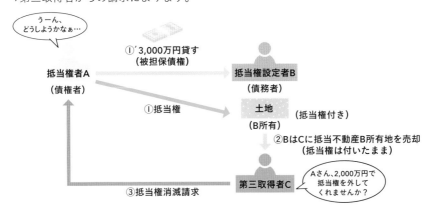

③の請求があると、Aは承諾するか、土地を競売にかけるかをしなければなりません。

［3］抵当権消滅請求の手続き

第三取得者の手続き

抵当不動産の第三取得者は抵当権消滅請求をするときは、抵当権を登記している各債権者に書面を送付しなければなりません。抵当権の差押えの効力の発生前なら、抵当権消滅請求をすることができます。

債権者は

書面送付を受けた債権者は、承諾をするか、2カ月以内に抵当権を実行して競売を申し立てなければなりません。申立てがないときには、抵当権消滅請求を承諾したものとみなされます。また、抵当権を実行するときは、事前に第三取得者に対しての通知は不要です。

ココに注意！

主たる債務者や保証人、承継人は、抵当権消滅請求ができません。
債務額全額を返済するのが当然だからです。

10 根抵当権

[1] 根抵当権とは

根抵当権は、一定範囲内の不特定の債権を極度額（一定の限度額）まで担保する特殊な抵当権のことです。増えたり減ったりする多数の債権を、当事者間で定めた極度額まで担保するときに使われます。実際には、繰り返し融資が必要な事業資金の場合に利用されることがほとんどです。

通常の抵当権の場合は、金銭の融資を受けるたびに、抵当権の設定を行う必要がありますが、根抵当権の場合は、そのつど抵当権を設定することなく、極度額まで繰り返し、借入れや返済ができます。しかし、普通の抵当権とは異なり、貸付金を返済しても抵当権は消えませんし、根抵当権を担保される個別の債権を譲渡しても、原則として移転しません。付従性や随伴性はないのです。

[2] 不特定の債権（被担保債権）の範囲

根抵当権が担保する不特定の債権は、次のとおりです。つまり、一定の範囲に属するものに限られます。

不特定債権の範囲
①債務者との間の特定の継続的な取引契約によって生ずる債権
②債務者との一定の種類の取引によって生ずる債権
③特定の原因に基づいて債務者との間に継続して生ずる債権
④手形上もしくは小切手上の請求権または電子記録債権

[3] 根抵当権の確定

根抵当権が設定されると、不特定の金額について担保しなくてはならず、不安定な状況となります。そこで「根抵当権の確定」という制度があります。この確定を行うと、その後に発生する債権は担保されなくなります。また、普通の抵当権と同じように付従性や随伴性を持ちます。**確定させるためには、①確定期間を定める、②根抵当権を設定した時から3年以降に確定請求を行う（根抵当権者からはいつでも行えます）、③根抵当権不動産について競売を申し立てる、④根抵当のもととなる取引の契約を終了させる**、などがあります。

［4］転抵当

抵当権者がその抵当権を担保にして融資を受けたりすることです。転抵当権者が原抵当権者（元の抵当権者）に優先して配当を受けることができます。ただし、原抵当権者の被担保債権が1,000万円で転抵当権の被担保債権が2,000万円のときは、原抵当権の1,000万円が限度となります。

 過去問を解こう

（平成12・問5-1）

Q 根抵当権は、根抵当権者が債務者に対して有する現在及び将来の債権をすべて担保するという内容で、設定することができる。

 A ✕ 根抵当権は、一定範囲内での不特定の債権に関して極度額まで担保するもので、この先に発生するありとあらゆる債権を担保するものではありません。

 ココは覚えよう！
1コマ講義

法定地上権の成立要件は？

①抵当権設定当時に、土地の上に建物が存在していること
②抵当権設定時に、土地と建物の所有者が同一人物であること
③土地・建物の一方または双方に抵当権が設定されていること
④抵当権実行（競売）の結果、土地と建物の所有者が別々になること
以上の４つすべて満たすことが必要です！

講義7

契約

ここでは不動産の実務に大きくかかわってくる売買契約を中心に、
債権や債務、債務不履行（契約違反）となる場合の損害賠償請求、
契約解除などについて学んでいきます。
試験だけでなく、宅建士として仕事をするうえでも
重要となる項目が多いので、理解を深めていきましょう。

1 契約とは

契約は、「申込み」と「承諾」という当事者間での意思表示が合致することで成立する法律行為であるということは、権利関係の**講義2「意思表示」**（p20〜参照）の冒頭でも触れました。ここでは、売買契約にまつわる基本的な事項を解説します。

2 契約の分類

契約といっても、いろいろな種類があります。不動産の売買契約は、双務契約に該当します。

❶双務契約・片務契約

双務契約

売買契約など、契約の当事者双方が債務を負担する契約のことです。

片務契約

贈与契約など、当事者の一方のみが債務を負担する契約のことです。

❷有償契約・無償契約

有償契約

売買契約や賃貸借契約など、当事者双方が経済的な対価を支払う（出費をする）契約のことです。

無償契約

贈与契約や使用貸借など、当事者の一方のみが経済的な対価を支払う契約のことです。

❸諾成契約・要物契約

諾成契約

当事者の合意のみで成立する契約のことです。

要物契約

当事者の合意のほかに、金銭や物の引渡しなどで成立する契約のことです。

3 債権と債務

冒頭の用語解説でも触れましたが、ここでもう一度おさらいしておきましょう。「債権」とは、特定の人（債権者）が特定の義務者（債務者）に対して「〜をしてください」と請求する権利のことです。「債務」とは、たとえば、お金を借りたなら返済する義務のことです。

●土地の売買（双務契約）の場合

代金を受け取る権利 　　　　　　　　　　代金を支払う義務

債権者	→ 土地の代金を支払ってください →	債務者
↓		↓
売主		買主
債務者	← 土地を引き渡してください ←	債権者

土地を引き渡す義務　　　　　　　　　　土地の引渡しを
受ける権利

たとえば、売買契約により債権と債務が発生しますが、双務契約なので、同一人物が債権者にもなり、債務者にもなります。

4 同時履行の抗弁権（こうべんけん）

売主が建物を売り、買主が買うという売買契約（双務契約）の場合に、たとえば、買主がお金を支払う（債務の履行を提供する）までは、建物の引渡しを拒む（自己の債務の履行を拒む）ことができる権利が、同時履行の抗弁権です。つまり**相手が義務を果たさないのなら、自分も義務を果たしません、と主張できる権利**のことです。

●同時履行の抗弁権

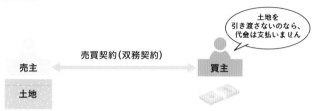

もし、売主が土地の引渡しをせずに、買主に代金支払いの請求をした場合は、買主側から同時履行の抗弁権を主張して、代金の支払いを拒むことができます。

ココに注意！

ほかに同時履行の関係に立つケースとしては、土地の売買契約の解除による原状回復義務があります。この場合の例としては、買主に土地を返すのと同時に売主に代金を返還するなどです。

過去問を解こう

（平成27・問8-イ）

マンションの売買契約がマンション引渡し後に債務不履行を理由に解除された場合、契約は遡及的に消滅するため、売主の代金返還債務と、買主の目的物返還債務は、同時履行の関係に立たない。

  ✕
売買契約が解除された場合、売主と買主は相手に対して原状回復義務を負うことになります。ですから、売主の代金返還債務と買主の目的物返還債務は同時履行の関係に立つのです。

5 債務不履行

[1] 債務不履行とは

債務不履行とは、債務者が債務を実行しないこと、つまり契約違反をした、ということです。債務不履行の責任（損害賠償など）を追及するためには、債務者の故意または過失（わざとやうっかり）に基づく事由が必要です。これを帰責事由といいます。

[2] 種類

債務不履行の種類は、❶履行遅滞、❷履行不能、❸不完全履行の3つです。

❶履行遅滞

履行が可能であるにもかかわらず、履行の期限までに履行しないことです。

買主が建物代金を約束の期限までに支払わない場合

売主が建物の引渡しを約束の期限までにしない場合

●履行遅滞となる時期とその例

債務の種類	履行遅滞となる時期	例
確定期限がある	期限到来時	○月○日までに土地を引き渡す
不確定期限がある	期限到来後に履行の請求を受けた時または期限到来を債務者が知った時のいずれか早い時	父が亡くなったら家を売る
期限の定めがない	債権者が履行の請求をした時	目的物の引渡し時期を定めていない

94

債権者の対応
①相当の期間を定めて履行の催告をし、その期間内に履行されなければ契約を解除できる
☆債務不履行が契約内容において、社会通念上、軽微な場合は契約を解除できません。
催告不要なケース：債務者が履行を拒絶する意思を明確に示したとき、特定の日時などに履行したものが間に合わなかったとき（クリスマスケーキなど）や、催告をしても契約の目的が達せられる見込みがない場合など。
②履行遅滞による契約の解除をする、しない、いずれの場合でも債務者に帰責事由があれば損害賠償を請求できる

❷履行不能
債権の成立後に、債務者による責任（故意または過失）によって履行が不能になることです。

例） 売買契約の締結後に売主の過失による失火で家が焼失して、引渡しができなくなった

債権者の対応
催告なしに、直ちに契約の解除、損害賠償（債務者に帰責事由がある場合）を請求できる（履行不能なものを催告する意味がない）
☆地震や落雷等の不可抗力で目的物が滅失した場合には、債務者は責任を負う必要はありません。
☆債務不履行が契約内容において、社会通念上、軽微な場合は契約を解除できません。

❸不完全履行
債務の履行はしたけれど、履行内容が不完全だった場合のことです。

例） 建物を未完成のまま引き渡された

債権者の対応
①完全な履行を請求し、あわせて損害賠償の請求（債務者に帰責事由がある場合）ができる
②完全な履行を請求できない場合は、契約の解除とあわせて損害賠償の請求（債務者に帰責事由がある場合）ができる
☆債務不履行が契約内容において、社会通念上、軽微な場合は契約を解除できません。

ココに注意！

契約の解除には、債務者の帰責事由は問われませんが、損害賠償の請求には、債務者に帰責事由があることが必要です。

令和6年9月1日にA所有の甲建物につきAB間で売買契約が成立し、当該売買契約において同年9月30日をもってBの代金支払と引換えにAは甲建物をBに引き渡す旨合意されていた。甲建物が同年9月15日時点でAの責に帰すべき火災により滅失した場合、有効に成立していた売買契約は、Aの債務不履行によって無効となる。

  本問は、契約成立後に売主Aの責任による火災で甲建物が焼失してしまい、契約の義務が果たせなかったということです。この場合は、売主Aの債務不履行となりますが、契約は無効となりません。引渡しを受けられなかった買主Bは契約を解除できます。買主Bは売主Aに対して損害賠償請求も可能です。

6 損害賠償請求

［1］損害賠償の範囲

債務不履行が生じた場合は、それが債務者に責任（帰責事由）があれば、債権者は債務者に対して損害賠償請求が可能です。損害賠償は特約のない限り、**金銭での支払いが原則**です。当事者間で、損害賠償額の予定の取り決めがない場合は、損害賠償の額は実損額となります。損害賠償の範囲は原則として、通常生ずべきと考えられる損害（通常損害）としていますが、特別な事情により生じた損害（特別損害）についても、予見すべきであったときは請求が可能です。

ココに注意！

 通常生ずべき損害とは、たとえば、リフォーム業者に壁紙を貼り替える注文をしたけれど、指定した壁紙と違うものを貼られてしまった場合、指定したものに貼りなおさせる作業にかかる費用のことなどが該当します。つまり、ふつうに考えて予想できる範囲内でおこる損害のことです。

［2］損害賠償額の予定

契約の当事者が、あらかじめ債務不履行の場合に賠償する額を決めておくことを、損害賠償額の予定といいます。損害賠償額の予定がされた場合は、債権者は損害を受けたことやその額を証明する必要がないので便利ですが、もし、損害賠償を受けることになった場合、実際の損害額が予定額より多くても少なくても、その予定額を変更して請求することはできません。

●損害賠償額の予定

例）予定額が300万円の場合

⇒実際の損害額が200万円でも損害賠償額は300万円となります。

実際の損害額　　　予定額が　　　損害賠償額
　　　　　　　300万円なら
200万円　　　　　　　　　　　300万円

［3］金銭債務の特則

金銭債務とは、金銭の支払いが目的の債務（代金支払債務や賃料支払債務）のことです。この金銭債務の不履行の場合には、次の特則が設けられています。

> **金銭債務の特則**
> 金銭債務は履行不能にはならない（世の中からお金が無くなることはないから）
> ①債務者は不可抗力が原因の債務不履行であっても（つまり帰責事由がなくても）、責任を負わなければならない
> ②金銭債務の賠償額は実損害ではなく、原則として法定利率（年3％）に基づいて請求できる
> ③債権者は、損害があったことを証明することなく、損害賠償を請求できる
> ⇒当事者で決めた約定利率が法定利率を超えていれば、その約定利率によります。

 用語解説　約定利率
当事者間の契約で決められた利率のことです。

7 危険負担

[1] 危険負担

建物の売買契約をした後に、天災などで建物が滅失して引渡しができなくなった、つまり不可抗力によって債務を履行できなくなった場合は、危険負担の問題が生じます。この場合、買主は代金の支払いを拒むことができます。引渡しができなくなった危険（リスク）は売主が負うのです（本来、契約を解除しなければ、代金の支払義務はあるのですが、買主は支払いを拒むことができます）。もちろん、引渡しがないことを理由に契約の解除もできます。しかし、買主の責任で、売主が引渡しができなくなった場合は、買主は契約の解除はできず、代金を支払わなくてはなりません。ただし、それによって売主が利益を得た場合は、それを返還しなければなりません。

[2] 引渡しによる危険の移転

建物や土地のような特定物の売買において、引渡し以降に天災など、売主、買主の責任によらず、目的物が滅失や損傷した場合は、それを理由として買主は、契約の解除や損害賠償の請求、履行の追完の請求、代金の減額の請求、代金の支払い拒否はできません。つまり、引渡しによって危険（リスク）は買主に移ることになります。これは売主が引き渡そうとしたにもかかわらず、買主が受け取りを拒否し、その後に目的物が滅失や損傷した場合も同じです。

8 契約の解除

[1] 契約の解除

契約の解除とは、契約が成立した後に、契約の当事者の一方的な意思表示により、契約がはじめからなかったことにする、ということです。解除する場合、相手の承諾は不要です。また、いったん解除をすると撤回はできません。

[2] 解除権の発生

契約の解除権は、契約で定められている場合と、法律で定められている場合に発生します。

❶約定解除権

契約の定めにより、当事者に解除権を与えます。

例） 解約手付が交付された場合や解除権を留保した場合

❷法定解除権

法律の定めにより、解除権が生じます。

例） 債務不履行となった場合（履行遅滞、履行不能、不完全履行）

●履行遅滞と履行不能の場合の解除

履行遅滞の場合

債権者は、原則として債務者に対し相当の期間を定めて履行を催告し、その期間内に履行がなかった場合に、解除が可能となります。

履行不能の場合

債権者は催告をせずに、直ちに契約を解除できます。

ココに注意！

債務者が履行遅滞に陥り、債権者側から相当な期間を定めずに催告した場合は、催告の時から相当な期間を経過すれば、契約を解除できます。

［3］解除できる場合、できない場合

原則として、相手が債務を履行しなければ、契約を解除することができます。しかし、次のような場合はできません。
・債務不履行が軽微な場合
・債務不履行の原因が債権者側にある場合
・解除権者が故意・過失によって契約の目的物を著しく損傷させたり、返還できなくなった場合など

［4］解除権の不可分性

契約の当事者が複数いるときは、解除の意思表示は特約がない限り、全員から、または全員に対して解除の意思表示を行う必要があります。これが解除権の不可分性です。

●解除権の不可分性
例）買主B、C、Dが共同で家を購入する場合
　⇒売主Aに対して、買主全員で解除の意思表示をする必要があります。

［5］解除の効果

契約が解除されると、契約は最初からなかったことになるので、**各当事者は原状回復義務を負います**。

●原状回復義務

例）不動産の売買契約を解除した場合

　⇒買主は引き渡された建物を返却し、売主は代金を返還します（受領時からの利息もつけて返還）。

各当事者の原状回復義務は、同時履行の関係に立ちます。原状回復義務については、特約がない限り、保証人も責任を負うことになります。

 ココに注意！

 　原状とは、契約締結前の状態のことです。

\過去問を解こう/
（平成21・問8-2）

> **Q** 売主Aは、買主Bとの間で甲土地の売買契約を締結し、代金の3分の2の支払と引換えに所有権移転登記手続と引渡しを行った。その後、Bが残代金を支払わないので、Aは適法に甲土地の売買契約を解除した。この場合、Bは、甲土地を現状有姿の状態でAに返還し、かつ、移転登記を抹消すれば、引渡しを受けていた間に甲土地を貸駐車場として収益を上げていたときでも、Aに対してその利益を償還すべき義務はない。

   　契約が解除されると、各当事者は原状回復義務を負いますが、引渡しを受けた不動産など（この問題の場合は貸駐車場）から収益を上げていたときには、その利益を相手に償還する義務があります。

〔6〕契約解除と第三者

すでに学んだように、民法では、契約解除の効果は、第三者に及ばないとしています。したがって下記の例のような場合は、第三者Cは善意・悪意にかかわらず保護されます。ただし、Cは登記を受けていることが必要です。

● 契約解除と第三者

例） AとBの間で建物の売買契約をした後に、BがCに転売した。しかし、Bの債務不履行で、Aが契約を解除した場合

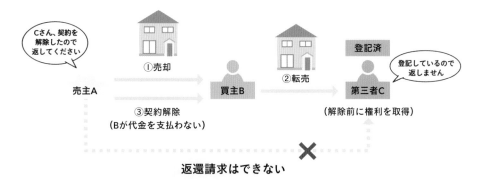

9 条件付契約

〔1〕停止条件付契約と解除条件付契約

停止条件付契約とは、「宅建士試験に合格したら、車をあげるよ」というように、宅建士試験に合格する、という条件（合格するかどうかは契約の時点では不確定）が成就したときに、車をあげなければならないような契約のことです。「宅建士試験に合格」という条件が成就するまでは契約の「車をあげる」という部分は停止されており、履行する義務はありません。

解除条件付契約とは、「宅建士試験に合格できなかったら、貸している車を返して」というように、宅建士試験に合格できなかった場合に、賃貸借契約を解除するという契約です。条件が成就するまでは、車の賃貸借契約の解除がされることはありません。

どちらの契約も有効な契約です。

☆ちなみに似たようなケースで、「父親が亡くなったらこの土地を売るよ」というような約束をしても、これは停止条件付契約ではありません。父親が亡くなるのは確実なことであるので、こうした契約をしたら契約自体は契約時から効力が発生します。単に契約を履行する「期限」が、「父親が亡くなるまで」猶予されているのにすぎないのです。

例）「宅建士試験に合格したら、車をあげるよ」という停止条件の場合

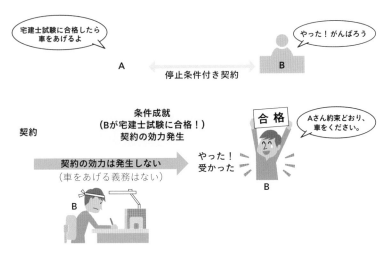

☆契約の効力が発生する前でも契約自体は有効です。

［2］条件付き権利の侵害について

条件が成就するかどうかわからない間であっても、つまり、**契約の効力が発生しない間であっても、契約の当事者は契約を一方的に解除することはできません。** また、**条件の成就によって生じる相手方の利益を害することはできません。** これは具体的にいうと、「合格したら車をあげる」といいながら、その車を第三者に売却してしまうことなどはダメだということです。p102の［1］の例でいうと、Bが試験に合格するまでは条件が成就していないので、契約の効力はないのですが、Aが第三者に車を売却するような行為は相手方の期待を裏切ることになります。相手方からしたら「車がもらえると思ったから、アルバイトもやめて勉強したのに……」とガッカリすることになります。現実に損失も発生することもあるでしょう。したがって、そのような行為をしてはならないのです。万が一、そのような行為を行った場合は、相手方は損害賠償を請求することができます。

例）効力が発生する前でも、停止条件付契約の解除はダメ！

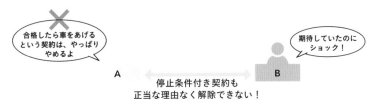

［3］ 条件成就を妨害した場合

もし、p102の［1］の例のように、「宅建士試験に合格したら、車をあげるよ」と
停止条件付き契約をしたにもかかわらず、Aが「Bが試験に合格したら、車をあげ
なきゃいけないけど、やっぱりイヤだなあ」と考えて、Bの宅建士試験合格を阻止
しようと、Aが故意に（わざと）条件の成就を妨げるようなことをした場合は、相
手方であるBは、条件が成就したものとみなすことができます。「条件成就を妨げて、
契約をなかったことにしようだなんて、Aはあまりに身勝手だ」と考えられるから
ですね。

 ココに注意！

 　**条件が成就するかどうかわからない間の当事者間の権利義務は、処分、相
　続、保存できますし、担保に供することもできます。**

＼ 過去問を解こう ／

（平成30・問3-3）

 　AとBとの間で、5か月後に実施される試験（以下この問において「本件試験」
　という。）にBが合格したときにはA所有の甲建物をBに贈与する旨を書面で
　約した（以下この問において「本件約定」という。）。Bは、本件試験に合格
　したときは、本件約定の時点にさかのぼって甲建物の所有権を取得する。

　✗　停止条件付契約は原則として、条件が成就した時から
　　　　効力が発生するので、Bが甲建物の所有権を取得する
　　　　のは、試験に合格した時になります。契約をした時点
　　　　にさかのぼって甲建物の所有権を取得するわけではあ
　　　　りません。

相手が契約を
守らなかったら
何ができる？

契約の解除と相手に
責任があれば、損害賠償の
請求ができます！

ココは覚えよう！
1コマ講義

講義 8

手付・売主の担保責任

手付とは、契約するときに相手に支払うお金のことです。
そして、売った物に欠陥があった場合に、
売主が買主に対して負う責任が担保責任です。
ここでは2つの内容を解説していきますが、いずれも契約時に
重要な項目となり、宅建業法とも関連するところなので、
しっかり頭に入れておきましょう。

① 手付の性質

手付とは、売買契約を締結したときに、当事者の一方（例：買主）から相手方に支払われる金銭のことです。手付には次の種類がありますが、なかでも不動産売買においては、解約手付が重要です。

●手付の種類

①解約手付	契約成立後に、どんな理由であっても契約を解除できる手付 ☆債務不履行がなくても解除できます。
②違約手付	債務不履行の場合に違約金として没収される手付

☆このほかに、契約が成立したことの証拠として交付される「証約手付」があります。

●不動産売買における手付の交付

売買契約の締結時にBがAに手付を交付

② 解約手付による解除

解約手付による解除は、相手方が契約の履行に着手するまでの間に行います。買主が解除するのであれば、すでに支払った手付金の放棄で解除が可能になります。ただし、売主が解除する場合は、受け取った手付金の倍額を現実に提供することが必要です（実際にお金を払わないと解除にはなりません）。

●解約手付による解除

例）売主Aと買主Bの売買契約において、買主Bが手付金200万円を交付している場合

⇒買主Bは、手付金200万円の放棄で契約を解除できます。

⇒売主Aは、手付金の倍額を返すことで契約を解除できます（買主から受け取った200万円に加え、200万円を追加して支払う）。

ココに注意！

履行に着手とは、たとえば売主なら、土地や建物の引渡しや登記の移転準備などをすることです。買主なら、手付金以外の代金の一部の支払いをすることなどです。具体例は、法律には書いてありませんので、試験問題では「履行に着手した場合」というように表現されています。

> **Q** いずれも宅地建物取引業者ではない売主Aと買主Bの間で売買契約を締結した。BがAに対して手付を交付した場合、Aは目的物を引き渡すまではいつでも、手付の倍額を現実に提供して売買契約を解除することができる。

A ✕ 相手方が契約の履行に着手したら、手付解除はできません。「いつでも」という点が誤りです。

❸ 売主の担保責任（契約不適合責任）

［1］契約不適合責任

契約の相手方に債務不履行があった場合、契約の解除や、損害賠償の請求ができることは、すでに学びました。売買契約では、さらに契約不適合責任という特則があります。これは、「引き渡された目的物が種類、品質または数量に関して契約の内容に適合しないものであるとき」、または「移転した権利が契約の内容に適合しないものである場合」に売主が負う責任です。これらも債務不履行（不完全履行）であることには変わりありませんから、契約の解除や、売主に帰責事由があれば、損害賠償の請求ができます。これに加えて、売買契約の場合は、「契約不適合責任」を追加することで、債務不履行の内容に応じて買主の保護が図られています。

●契約不適合責任とは

売主は契約書どおりの物を渡す必要があります。売主や買主の善意、悪意を問いません。

［2］契約不適合責任があった場合にできる請求

契約不適合があった場合、買主はどんな請求ができるかみていきましょう。

❶損害賠償請求

売主に帰責事由があれば損害賠償の請求ができます。

❷契約の解除（催告解除および無催告解除）

相当な期間を定めて、履行を催告したうえ、履行がなければ契約の解除ができます。
催告の意味がないような場合は、無催告解除ができます。

❸追完請求権

買主は、目的物の修補（補修）、代替物の引渡し、不足分の引渡しの請求ができます。

例）引き渡された品物に欠陥があった

　　⇒修補、代替物の引渡しを請求できます。

例）引き渡された土地の面積が契約した面積より少なかった

　　⇒不足する土地の引渡しを請求できます。

☆買主に不相当な負担を課すものではないときは、買主が請求した方法と異なる方法で履行の追完をすることができます。たとえば、自動車の売買で、引き渡した車に欠陥があった場合、買主は代替物の引渡しも請求できますが、その請求に対して、売主が修補で対応することもできるということです。
☆買主に責任があると、❶〜❸も次の❹もできません。

❹代金減額請求権

買主が、相当の期間を定めて上記の履行の追完の催告をしたのにもかかわらず、売主が対応をしない場合は、代金の減額請求をすることができます。

ただし、次のような場合は、追完の催告なしに代金減額請求をすることができます。要するに催告してもムダとなるケースです。

［3］請求できる期間

種類・品質の不適合について買主がこれらの「損害賠償請求」「契約の解除」「履行の追完請求」「代金減額請求」、をするためには、**買主がその契約の不適合を知った時から1年以内に売主に通知**する必要があります（数量、引き渡された権利の不適合の場合には、通知期間の制限はありません）。しかし、売主が引渡しの時に契約不適合を知っていた場合（悪意）や、重大な過失で知らなかった場合（善意・重過失）はその限りではありません。1年以内という通知期間の制限はなくなります。買主は不適合を知ってから2年後に通知したとしても、売主は責任を負います。なお、買主側の権利にも消滅時効があるため、引渡しから10年、契約不適合を知った時から5年（通知をしても）を経過すると、請求はできなくなります。

［4］特約による契約不適合責任の排除

契約不適合責任は、特約により排除することができます。たとえば契約書に、「売主は契約不適合責任を一切負わない」というように定めることもできるのです。しかし、この場合でも、売主が知りながら告げなかった不適合については、契約不適合責任は免責されません。

［5］ その他の買主の保護の規定

他にも次のような、買主の保護規定が設けられています。

❶売買の目的物について他に権利を主張するものがあるなど、買主が買い受けた権利の全部または一部を失うおそれがあるとき

その危険度に応じて、代金の一部または全部の支払いを拒むことができます。ただし、売主が相当の担保を提供した場合は、その限りではありません。

❷契約の内容に適合しない抵当権等の登記があるとき

抵当権消滅請求の手続きが終わるまで、代金の支払いを拒むことができます。買主が費用を支出して、その不動産の所有権を保存したとき、買主は、売主に対して、その費用を支払うように請求できます。
☆抵当権消滅請求については p 87参照。

❸競売で取得する場合

競売で取得する場合も、買主（競落人）は債務者に対して契約の解除や、代金の減額請求ができます（目的物の種類や品質に関する不適合の場合を除きます）。

［6］ 他人物売買

民法では他人物の売買は禁止されていません。たとえば、買主から注文を受けて売買契約をした後、品物を仕入れてきて渡すということはよくあります。しかし、このような契約をした場合、売主がその目的物を入手して買主に引き渡す義務があります。これは、一部分に他人の所有権が含まれているような場合も同じです。全部を引き渡せない場合は、単なる債務不履行となりますが、一部分だけ引き渡せない場合は、引渡し自体は一部分であっても行われているので数量不足となり、契約不適合責任の問題となります。

Aを売主、Bを買主として、令和6年7月1日に甲土地の売買契約（以下この問において「本件契約」という。）が締結された。甲土地の実際の面積が本件契約の売買代金の基礎とした面積より少なかった場合、Bはそのことを知った時から2年以内にその旨をAに通知しなければ、代金の減額を請求することができない。

数量に関する不適合には、通知期間の制限はありません。種類または品質に関する不適合のケースでは、買主がその不適合を知った日から1年が通知期間です。

\ ココは覚えよう! /
1コマ講義

契約不適合責任では
何が請求できるかな？

損害賠償請求、
契約の解除、追完請求、
代金減額請求が
できます！

講義9

債権譲渡、弁済、相殺

ここでは債権の譲渡や消滅について学んでいきます。
債権はふつうの商品とおなじように、
譲渡できること（債権譲渡）、
債権は弁済（返済）や相殺で消滅するということを
まず理解しておいてください。
また、債権譲渡では、おなじ債権を二重譲渡してしまった
場合での「対抗要件」などの出題が目立ちます。

1 債権譲渡

[1] 債権譲渡とは

債権とは特定の人に対して、特定の行為を請求できる権利、たとえば、お金を貸した人に「お金を返してください」と言うことのできる権利のことです。この債権は他人に譲渡することが可能で、譲渡人（債権者）と譲受人の合意があれば、譲渡は成立します。

●債権譲渡

Aは、自ら貸主の立場（Bへの債権）をCに売ります。すると、CがBからお金を返してもらうことになるのです。

債権譲渡のポイント

①債権は原則として第三者（譲受人）への譲渡が可能

②当事者が譲渡を禁止、制限していても、債権譲渡は有効

③②の場合において、譲渡禁止につき悪意または善意・重過失の第三者（譲受人）には、債務者は支払いを拒否して、当初の債権者（譲渡人）へ支払うこともできる。

④債務者が第三者（譲受人）にも、元の債権者にも支払いをしないときには、譲受人は相当な期間を定めて、元の債権者に支払うように催告ができる。その催告をした後は、③は適用できず、債務者は第三者（譲受人）への支払いを拒否できない。

[2] 債権譲渡の通知と承諾

債権の譲渡そのものには、債務者の承諾は不要ですが、そのために債権譲渡があったことを知らない債務者が、譲渡人と譲受人の両方に弁済してしまうことなども考えられます。こうした二重弁済を防ぐためにも、**債権の譲渡人は債務者へその旨の通知をするか、債務者が承諾をしなければ、債務者や第三者に対抗できません。**

●債権譲渡の通知と承諾

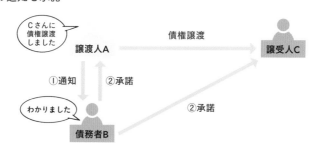

❶通知
債権が譲渡されたことを、譲渡人が債務者に知らせることです。通知するのは譲渡人で、譲受人が譲渡人に代わって通知することはできません。口頭による通知も可能です。

❷承諾
債務者からの承諾は、譲渡人または譲受人のどちらに対しても行うことができます。口頭による承諾も可能です。
☆譲受人が債権譲渡を債務者に対抗するには、❶と❷のどちらかの要件を備えればOKです。

[3] 債権の二重譲渡

債権譲渡の後に、さらに第三者へ二重譲渡されることもあります。ほかの譲受人である第三者に対抗するには、譲渡人から確定日付のある証書による通知か、確定日付のある証書による債務者の承諾のいずれかが必要となります。確定日付のある証書とは、内容証明郵便や公正証書などです。

●第三者への対抗要件
例) AのDに対する債権をBが譲り受け、この債権がAからCにさらに二重に譲渡された場合

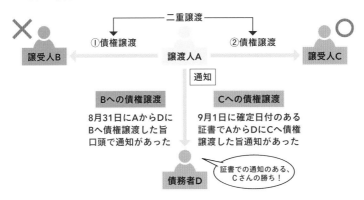

この場合、CがDに請求することができる

こんな場合はどうなる？

●譲渡人Aがそれぞれ確定日付のある証書で、債務者Dへの通知を行っていたら

譲受人Bへの譲渡通知が AからDへ到達した日付	譲受人Cへの譲渡通知が AからDへ到達した日付
Bが優先 8月31日	9月1日

譲渡人Aから債務者に通知が到達した日時の早いほうが優先されます。

どちらが優先されるかは、確定日付のある証書による通知が債務者に到達した日時の早いほうで決まります。つまり、証書の到達した先後で決まる、ということです。確定日付の日付ではないことに注意してください。同じ日に到着した場合は、どちらか好きな方に返済するか供託をすれば、債務は消滅します。

권利関係

講義9 債権譲渡、弁済、相殺

117

[4] 債務者の抗弁

債務者は譲渡人から債権譲渡を通知された場合、新しい債権者つまり債権の譲受人に対しても、当初の債権者に対して生じた事由について、対抗することができます。たとえば、1,000万円の債権譲渡の通知があった場合に「当初の債権者には300万円を弁済しているから、残り700万円しか返しませんよ」と主張できます。ただし、これは、債権譲渡の通知や承諾の前までに生じた事由に限られます。承諾後に弁済した分があっても、主張はできません。こうした主張は無効や取消し、解除など、債務がそもそも存在しないという場合や、当初の債権者と相殺をするといった場合にも可能です。

●債務者の抗弁

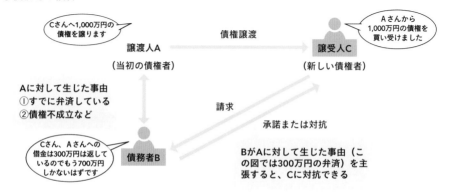

過去問を解こう

（令和3(10月)・問6-4)

債権の譲渡は、譲渡人が債務者に通知し、又は債務者が承諾をしなければ、債務者その他の第三者に対抗することができず、その譲渡の通知又は承諾は、確定日付のある証書によってしなければ、債務者以外の第三者に対抗することができない。

債権譲渡が有効になるには、債権者からの「通知」または債務者の「承諾」が必要です。債務者以外の第三者に債権譲渡を対抗するためには、通知または承諾を確定日付のある証書で行う必要があります。

② 弁済

［1］弁済とは

弁済とは、簡単にいえば借りていたお金を返すというように、債務者が約束どおりお金を返して、債権（借金）を消滅させることです。債権者から承諾を得ていれば、本来給付するものとは別の物で弁済することもできます。これを代物弁済といいます。

●弁済

ココに注意！

現金を借りていたけれど、債権者の承諾があれば、債務者の土地を引き渡すことで弁済に代えられる、というのが代物弁済です。

［2］第三者の弁済

債務者以外の第三者も、弁済をすることができます。ただし、必ず債務者自身が弁済するという内容で契約したような場合には、第三者による弁済はできません。また、第三者においては、弁済をするについて正当な利益を持つものかどうかで、扱いが変わります。

❶正当な利益のない第三者

単に親子や兄弟関係というだけでは、正当な利益があることにはなりません。たとえ、債権者の承諾があっても、**債務者の意思に反して弁済することはできません。**
☆債権者が善意の場合（債権者の意思に反するということを知らない）は、この限りではありません。

❷正当な利益のある第三者

正当な利益のある第三者としては、弁済しないと自分の所有物件を失うかもしれない物上保証人などが該当します。この場合は、**債務者の意思に反しても弁済をすることができます。**

●AがBにお金を貸し、Cが担保として自分の土地に抵当権をつけさせた場合

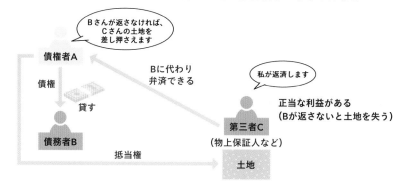

■借地の賃料の弁済は正当な利益がある

例）建物の所有者Aが、土地所有者Bに地代を支払わない場合

⇒AB間の借地契約が解除されることで、建物の賃借人Cは立ち退きを言い渡される可能性があります。この場合は、Cは弁済をすることに正当な利益があることになるので、CはBに地代の弁済ができます。

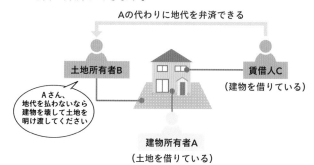

過去問を解こう

（平成17・問7-1・改）

Aは、土地所有者Bから土地を賃借し、その土地上に建物を所有してCに賃貸している。AのBに対する借賃の支払債務に関して、Cによる弁済は、正当な利益を有しないので、CはAの意思に反して、債務を弁済することはできない。

Cは借地上の建物の賃借人で、土地の借賃（地代）の支払債務に関しては弁済をするに正当な利益を有する第三者となります。そのため、地代支払債務のあるAの意思に反して地代の弁済をすることができます。

［3］代位弁済

第三者が債務者に代わって債権者に弁済した場合は、債権者がもっていた債務者に対する債権は、弁済した人に移転します。

●代位弁済

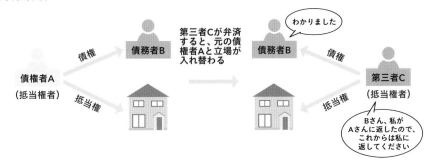

例）物上保証人の場合

⇒債務者に代わって、債権者に弁済ができます。物上保証人は、弁済するにあたって正当な利益を有する者であるため、債務者の承諾を得ずに、代位して求償が可能です。つまり債務者に対して、代わりに返した分を「返せ」と言えるのです。

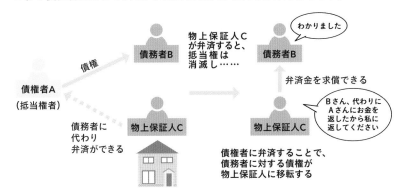

［4］弁済する相手

弁済は、基本的に債権者に対して行うものです。受領する権限のない者に対しての弁済は、原則として無効となりますが、例外的に弁済が有効となる人がいます。

●**弁済を受領する権限を有する者（弁済受領権者）** ⇒ **有効**

●**弁済を受領する権限のない者** ⇒ **無効**

弁済者である債務者が善意・無過失で、社会通念に照らして受領権者（債権者など）の外観をしている者に対して弁済をすれば、その者が受領権者でなくても、その弁済は有効となるので、債務者は債務を免れることになります。

●社会通念に照らして受領権者の外観をしている者

表面上受領権者の外観をしている者とは、受領権者ではないのに、取引上の社会通念に照らして受領権者としての外観を有する者のことです。たとえば、盗んだ債権証書（借用書など）や受取証書を持参していたりする人をいいます。善意・無過失で受領権者としての外観を有する者へ弁済した場合は有効となります。

3 相殺 （そうさい）

[1] 相殺とは

相殺とは、2人の者が同じ種類の債権をもっている場合に、その債権と債務とを同じ限度額（対当額）で消滅させることです。相殺はどちらからでも一方的に行うことが可能ですが、期限や条件を付けることはできません。撤回もできません。

●相殺

例）AがBに500万円を貸していて、BはAに300万円を貸していた場合

⇒お互いに貸し借りしているお金を支払うとなると面倒なので「300万円を限度にして相殺しましょう」というように、お互いの債権と債務を消滅させることができます。この場合、Bは残りの200万円をAに支払えばよいのです。

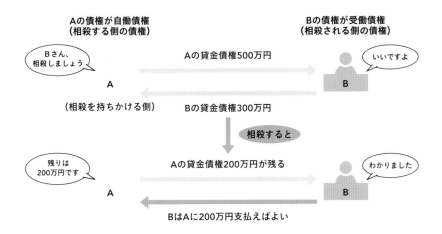

用語解説

自働債権：相殺を持ちかけた側の債権
受働債権：持ちかけられた側の債権

[2] 相殺適状

相殺適状とは、当事者間の債権を相殺できる状態にあることで、相殺をするためには次の要件を満たす必要があります。

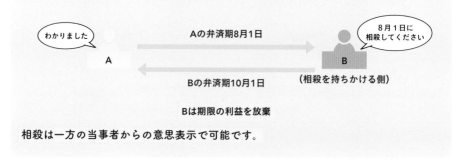

相殺の要件
① 当事者の双方が金銭など同じ種類の債権があること
② 自働債権が弁済期にあること（相手方が返済する時期にあること）

例）9月1日現在、AのBに対する借金の弁済期が8月1日で、BのAに対する借金の弁済期が10月1日の場合
⇒Bは、8月1日の時点で相殺を主張できます。Bは、10月1日まで借金を返さなくてもよい「期限の利益」がありますが、それを放棄して借金を返したことになります。

わかりました

A

Aの弁済期8月1日

8月1日に
相殺してください

B

Bの弁済期10月1日

（相殺を持ちかける側）

Bは期限の利益を放棄

相殺は一方の当事者からの意思表示で可能です。

相殺の効力

双方の債権が相殺適状（相殺が適した状態、つまり相殺できる状態）となった時点にさかのぼって効力が生じるため、相殺適状後の利息は発生しません。

ココに注意！

不法行為の場合、加害者側から相殺はできません。被害者側から損害賠償請求をできなくなるからです。ただし、被害者側からの相殺は可能です。このことについては、講義12「不法行為」の❹相殺の禁止（p152）で解説しています。

［3］相殺と時効

時効で消滅した債権が、消滅する前に相殺適状になっていれば、時効をむかえた債権者は、時効消滅した債権で相殺することができます（時効完成後でも相殺できるとするのがポイントです）。

こんな場合はどうなる？

●2024年9月1日にA、同年11月1日にBの債権がそれぞれ時効消滅する場合、Aが10月1日にBに相殺を主張できるか

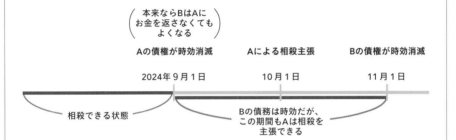

Aは、Bの債権が時効になる前に、相殺の主張が認められます。
8月31日まで相殺できる状態だったので、時効消滅した債権を持つAから相殺を主張できます。

連帯債務と保証

ここでは連帯債務と保証債務、連帯保証について学びます。
似たような言葉が続けて登場しますが、
まずは連帯債務の特徴を理解しましょう。
連帯債務者間では主従の関係はありません。
一方、保証債務は連帯債務とは異なり「主たる債務者」の
控えに「保証人」となります。そして最後に連帯保証人。
保証人は保証人ですが、限りなく連帯債務者に近づきます。

1 連帯債務

[1] 連帯債務とは

同一内容の債権について、複数の債務者が独立してそれぞれが債務全体を負担すること
です。複数の債務者の1人から全額の弁済があれば、他の債務者の債務も消滅します。

●連帯債務

例）売主Aから買主B、C、Dが共同で家を購入し、家の購入代金3,000万円を連帯債務とした場合
　⇒B、C、Dはそれぞれが購入代金3,000万円についての債務（支払い責任）を負います。

B、C、Dが
各3,000万円の債務を負う
（それぞれが、1,000万円の
負担とする）

☆この負担割合は、債権者
には関係ありません。

[2] 債権者の請求

債権者は連帯債務者に対して、順番に請求することも、同時に請求することもでき
ます。金額については全額でも、一部のみでも請求できます。

●債権者の請求

3,000万円で家を売った売主A（債権者）は、買主B、C、D（連帯債務者）の3人の誰に対しても、
3,000万円を請求できます。

AはB、C、D誰に対しても
3,000万円を請求できる

☆各1,000万円の負担割合
は、債権者には関係あり
ません。

連帯債務者間で、金額の負担が決められることもありますが（前ページの「債権者の請求」の例でいえば、均等割りではなく買主BとCが1,300万円、Dが400万円などのように決める）、別段の定めがなければ均一の額となります。ただし、この債務者の負担はあくまで債務者間での取り決めであって、債権者には関係ありません。

［3］弁済と求償

連帯債務者の１人が弁済すれば、他の連帯債務者の債務も消滅します。これが弁済です。そして弁済した債務者は他の連帯債務者に対して、各債務者が負担している割合に応じて、「負担部分を払ってください」と、求償することができます。これを求償権といいます。なお、自己の負担部分を超えない一部の弁済であっても、他の連帯債務者に対して、その負担部分の割合に応じた求償をすることができます。

●求償権

例）債権者Aに対する債務2,400万円について、連帯債務者B、C、DのうちDが１人で600万円を弁済した場合（負担額は各800万円）

⇒Dは、BとCそれぞれに200万円を求償できます。

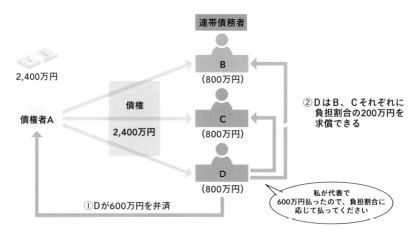

［4］連帯債務の効力

連帯債務者の１人に生じた事由が、他の連帯債務者にも影響が及ぶ場合とそうでない場合があります。他の連帯債務者に影響が及ぶものが「絶対効（絶対的効力）」で、影響を及ぼさないものが「相対効（相対的効力）」です。

❶絶対効（絶対的効力）

連帯債務者の１人に生じた事由が、他の連帯債務者にも影響を及ぼすことを絶対効といいます。

絶対効が生じる事由
①弁済　②更改　③相殺　④混同

■絶対効の具体例

①～④の解説については、次の例を前提とします。

例）売主Aから買主B、C、Dが共同で家を購入し、家の購入代金3,000万円を連帯債務とした場合

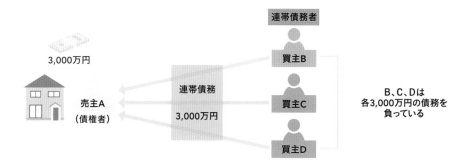

①弁済

連帯債務者の１人であるDが、Aに全額弁済すると、BとCの債務も消滅します。これが絶対効です。この場合、Dは、BとCそれぞれに、負担部分の1,000万円を求償できます。

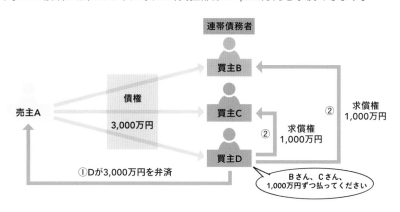

②更改

更改とは、債務の内容を変更する契約によって、新しい債務を成立させて、従来の債務を消滅させることです。たとえば、Dが3,000万円の連帯債務と引き換えに、自分の所有している土地の所有権をA名義に移すという新しい契約に更改した場合は、他の連帯債務者BとCは連帯債務を免れることになります。

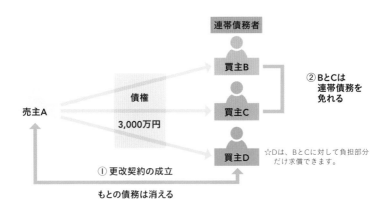

③相殺

（1）自己の債権での相殺

連帯債務者の1人であるDが、Aに対して3,000万円の債権があり、この債権と3,000万円の連帯債務を相殺すると、BとCの債務も消滅することになります。

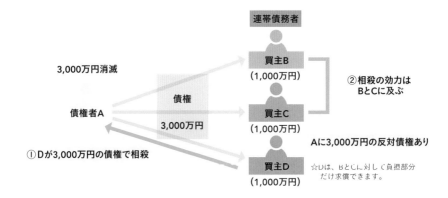

（2）連帯債務者の1人が相殺しようとしないとき

連帯債務者Bが、Aに対して2,000万円の反対債権があるにもかかわらず、相殺しようとしない場合、他の連帯債務者であるC・Dは、Bの負担部分の限度（1,000万円）で債務の履行を拒めます。つまり、Bが1,000万円分を相殺したとみなすのです。

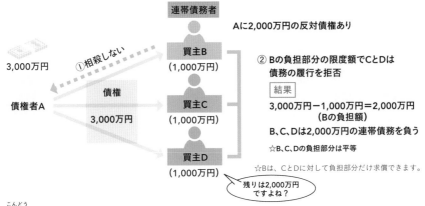

④混同

混同とは、債務者が債権者を相続するなど、債務者と債権者が同じ地位になることです。AとDが混同した場合、Dが連帯債務の全額を弁済したと扱われますので、連帯債務は消滅します。DはB・Cに負担部分（各1,000万円）を求償できます。

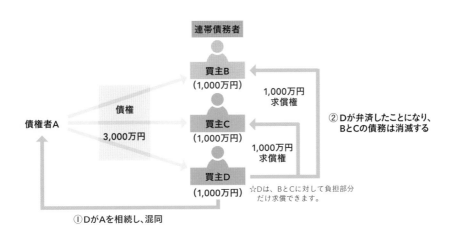

❷相対効（相対的効力）

連帯債務者の1人について生じた事由が、他の債務者に影響を及ぼさないこと（反対の効力が絶対効）です。

> **相対的効力が生じる事由**
> ①債務の承認　②履行の請求　③免除　④時効
> ⑤その他（時効利益の放棄、債権譲渡の通知）

①債務の承認

例）債権者Aに対してB、C、Dが連帯債務者である場合、DがAに対して債務の承認をしたとき
　⇒Dの債務についてのみ時効が更新します。ただし、BとCの債務については時効は完
　　成猶予または更新することなく、引きつづき進行します。

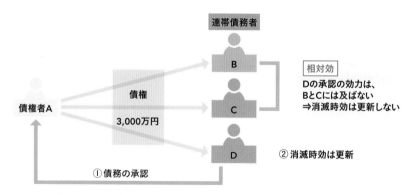

債務を負っていますと認めること

②履行の請求

Ａが連帯債務者の１人であるＤに対して履行の請求をしても、その効力はＢとＣには及びません。

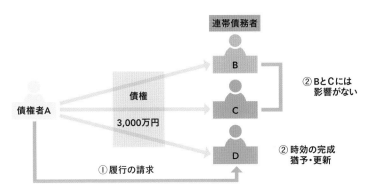

連帯債務者

B
C
D

② BとCには
影響がない

② 時効の完成
猶予・更新

債権者A

債権
3,000万円

① 履行の請求

ココに注意！

債権者が債務者の１人に対して債務の履行を請求すると、その１人の時効は完成猶予または更新しますが、他の連帯債務者の時効は更新しません（上記②の「履行の請求」参照）。債務者の１人が債務を承認しても同様です。

③免除

債権者Ａが、連帯債務者の１人であるＤに債務の免除をした場合、Ｄは債務者からは外れます。この場合、ＢとＣの２人で3,000万円の連帯債務を負うことになります。ここでＢが3,000万円を弁済したならば、ＢはＣとＤへそれぞれ1,000万円の求償ができます。

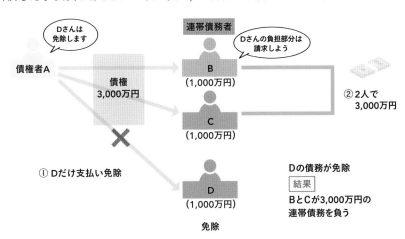

Dさんは
免除します

連帯債務者

Dさんの負担部分は
請求しよう

債権者A

債権
3,000万円

B
(1,000万円)

C
(1,000万円)

② 2人で
3,000万円

① Dだけ支払い免除

D
(1,000万円)

免除

Dの債務が免除
結果
BとCが3,000万円の
連帯債務を負う

④時効

連帯債務者の１人であるＤの債務が時効によって消滅したときは、Ｄは債務者ではなくなります。この場合、ＢとＣの２人で3,000万円の連帯債務を負うことになります。ＢとＣはＤに求償ができます。

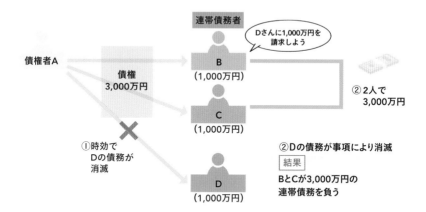

2 保証債務

［1］保証債務とは

保証債務とは、債務者が弁済できなくなったときに、債務者に代わって保証人に弁済してもらうことです。もともとの債務者を「主たる債務者」、主たる債務者の負う債務を「主たる債務」といいます。

●保証債務
BはAからお金を借ります。Bが返せないときはCが返済します。

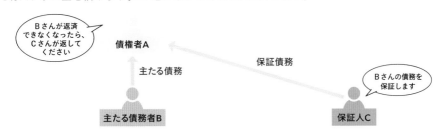

［2］保証契約

保証契約は、債権者と保証人との間で締結されるものです。そのため、主たる債務者は保証契約の当事者とはなりません。**保証契約は口頭では無効**となります。

保証契約の方法

書面もしくは電磁的記録により締結しなければ、効力を生じません。

保証人の求償権

もし、保証人が主たる債務者の代わりに弁済した場合は、主たる債務者に弁済した額の返還を求める権利、求償権があります。

●保証契約

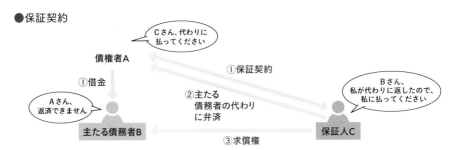

> **Q** 保証人となるべき者が、口頭で明確に特定の債務につき保証する旨の意思表示を債権者に対してすれば、その保証契約は有効に成立する。

  ✗ 保証契約は、書面もしくは電磁的記録により行わなくては効力が生じません。口頭では無効です。

〔3〕保証人の要件

保証人となる資格に特に制限はありません。ただし、債務者が法律上、保証人を立てる義務がある場合、
①**行為能力者であること**
②**弁済する資力を有すること**
以上の2つの要件を満たすことが必要です。

☆債権者が保証人を指名した場合を除きます。

〔4〕保証債務の性質

保証債務は、主たる債務を担保するための債務です。そのため、❶付従性、❷随伴性、❸補充性といった3つの性質があります。

❶付従性

主たる債務が成立しないと保証債務は成立しません。また、主たる債務が消滅すれば保証債務も消滅します。これが付従性です。保証債務は、主たる債務より軽くなることについては問題ありませんが、主たる債務より重くなることは認められません。

例）主たる債務が2,000万円で保証債務が3,000万円となる場合

| 主たる債務 2,000万円 |
| 保証債務 3,000万円 |

⇒ **認められない** ⇒ **保証債務は2,000万円にされる**

保証債務の契約後に、主たる債務が増えても、保証債務は増えません。

付従性と保証の絶対効

① 主たる債務者について生じた事由の効力は、原則として保証人にも及びます。これが絶対的効力です。

例） 主たる債務者に請求すると時効の完成猶予・更新が生じ、保証債務の時効も完成猶予・更新となる

② 保証人について生じた事由の効力は、主たる債務者に影響を及ぼしません。

例） 保証人が行った主たる債務を消滅させる行為（弁済や相殺）以外は、主たる債務者には影響しない

● 付従性と保証の絶対効

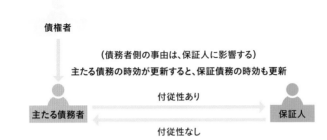

債権者

（債務者側の事由は、保証人に影響する）
主たる債務の時効が更新すると、保証債務の時効も更新

付従性あり

主たる債務者　　　　　　　　　保証人

付従性なし

弁済や相殺以外、保証債務を承認するなどは、主たる債務者に影響しない
（保証人の事由は原則として債務者に影響しない）

❷随伴性

主たる債務についての債権が債権者から第三者に移転すると、それに伴い保証債務も移転します。つまり、主たる債務についての債権が譲渡されると、保証債務も譲渡される、ということです。

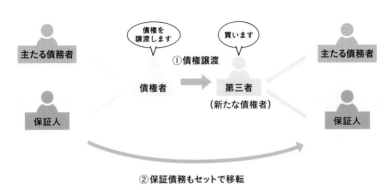

主たる債務者　　　　　　　　　　　　　　　　　主たる債務者

債権を
譲渡します　　買います

①債権譲渡

債権者　　　第三者
（新たな債権者）

保証人　　　　　　　　　　　　　　　　　　　　保証人

②保証債務もセットで移転

❸補充性

保証人は、主たる債務者が約束を守らず弁済をしない場合に、責任を取って弁済をすればよいとされています。そのため、保証人には「催告の抗弁権」と「検索の抗弁権」が認められています。

催告の抗弁権	債権者が主たる債務者に請求せずに、直接保証人に請求してきた場合は、保証人が「まずは主たる債務者に催告してください」と主張できる権利 **・催告の抗弁権を行使できない場合** ①主たる債務者が破産手続開始の決定を受けたとき ②主たる債務者が行方不明のとき
検索の抗弁権	債権者が主たる債務者に催告をした後でも、主たる債務者に弁済の資力があり、強制執行が容易であることが証明できれば、まず主たる債務者の財産について強制執行してもらうように主張できる権利

☆保証人がこれらの抗弁をしたにもかかわらず、債権者が怠ったために、主たる債務者から全部または一部の弁済を得られなかったときは、その限度で保証人は義務を免れます。

ココに注意！

後に出てくる連帯保証人には、催告の抗弁権と検索の抗弁権が認められていません。

［5］保証債務の範囲

保証債務の範囲は、主たる債務のほか利息、違約金、損害賠償、その他その主たる債務に付随するすべてのものに及びます。また、保証人は保証債務についてのみ違約金、損害賠償額を決めることができます。

［6］保証人の求償権

保証人が主たる債務者の代わりに弁済した場合、主たる債務者に対して弁済額の償還を求めることができる権利のことを求償権といいます。ちなみに求償権については、主たる債務者の委託を受けたか受けていないかで内容が異なります。

主たる債務者に対して、弁済額のほかに弁済後の利息やその他の損害額を求償できます。

保証人となったことが主たる債務者の意思に反していない場合は、弁済額のみ求償できます。自分が債務者に代わって弁済したことにより発生する利息や損害賠償は求償できません。

［7］分別の利益について

主たる債務の保証人が複数いる場合（共同保証）は、保証人の負担を軽くするために、それぞれの保証人は、主たる債務の額を保証人全員で均等に割った額についてのみ保証することになります。このことを分別の利益といいます。

例）Bの200万円の債務を保証したCとDに、債権者Aからの請求があった場合

⇒保証人CとDのどちらかが200万円全額を支払う必要はありません。それぞれが100万円ずつ支払えばよいことになります。

保証連帯、つまり共同保証人が連帯して主債務を保証する場合には、このような分別の利益はありません。この点、後で説明する「連帯保証」と似ています。しかし、保証連帯の場合は、連帯保証人ではなく、通常の保証人なので、催告の抗弁権や検索の抗弁権はあります。

3 連帯保証

[1] 連帯保証とは

保証人が主たる債務者と連帯して債務を負担する保証債務のことです。通常の保証債務と違って、保証人の負う責任は重くなります。

[2] 連帯保証の性質

連帯保証にも付従性と随伴性がありますが、補充性はありません。

連帯保証の性質
①連帯保証人は、催告の抗弁権および検索の抗弁権がない
②共同保証で連帯保証の場合は、分別の利益がない

●一般保証と連帯保証の比較

	一般保証人	連帯保証人
催告の抗弁権	あり	なし
	弁済要求があっても、まずは主たる債務者への催告を主張できる	弁済要求があれば拒むことができない
検索の抗弁権	あり	なし
	弁済要求があっても、主たる債務者に弁済の資力があり、強制執行が容易なことを証明すれば、まず主たる債務者の財産からの弁済を主張できる	弁済要求があれば拒むことができない
分別の利益 (保証人が複数 いる場合)	あり	なし
	各保証人が負担部分のみ保証すればよい	連帯保証人であれば順番に関係なく、それぞれが保証債務全額を負担する

過去問を解こう

過去問①

（平成15・問7-1）

 Q Aは、Aの所有する土地をBに売却し、Bの売買代金の支払債務についてCがAとの間で保証契約を締結した。Cの保証債務がBとの連帯保証債務である場合、AがCに対して保証債務の履行を請求してきても、CはAに対して、まずBに請求するよう主張できる。

 A ✕ Cが、Bに対して請求するように主張する権利を「催告の抗弁権」といいます。連帯保証人の場合には、この催告の抗弁権をもって主張することはできません。

過去問②

（平成22・問8-4）

 Q 連帯保証人が2人いる場合、連帯保証人間に連帯の特約がなくとも、連帯保証人は各自全額につき保証責任を負う。

 A ◯ 連帯保証人には分別の利益がありません。それぞれが債務の全額について、保証責任を負わなくてはなりません。

過去問③

（令和2（10月）・問7-2）

 Q 主たる債務の目的が保証契約の締結後に加重されたときは、保証人の負担も加重され、主たる債務者が時効の利益を放棄すれば、その効力は連帯保証人に及ぶ。

 A ✕ 保証契約の締結後に主たる債務が加重されても保証人の債務は加重されません。また、主たる債務者が時効の利益を放棄しても、連帯保証人に効力は及びません。

[3] 連帯保証の絶対効

主たる債務者に生じた事由は、連帯保証人にも効力が及ぶことになり、連帯保証人に生じた事由は、主たる債務者にも効力が及ぶことになりますが、それは主たる債務を消滅させる場合のみとなります。つまり、連帯保証人に弁済・相殺・混同・更改が起こると、主たる債務者に効力が及ぶことになるのです。

●連帯保証の絶対効

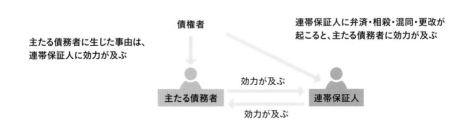

ココに注意!

連帯保証人が承認しても、主たる債務者の時効は更新しません。しかし、時効の完成前に主たる債務者が承認をすれば、連帯保証人の時効も更新します。時効の完成後に主たる債務者が承認した場合（時効の利益の放棄）は、連帯保証人は、保証債務の時効を援用できます。

4 個人根保証契約

アパートを借りる際の保証人となる契約のように、不特定の範囲の保証契約を根保証契約といいます。アパートの賃貸契約の保証人は、賃借人が家賃を支払わなかったときだけでなく、他の損害（火事など）を出したときの債務についても保証します。この根保証契約は、あらかじめいくらの債務を保証するのかが、決まっていないのが特徴です。しかし、そのままでは保証人の負担が大きすぎるので、個人が根保証契約をする場合には、極度額を決めなければならず、保証人はその範囲で責任を負うことになります。**極度額を定めないと、根保証契約は無効となります。**

●根保証契約の元本確定について

根保証契約は元本が定まっていませんが、次の場合は元本が確定するとしています。確定すると、それ以降の債務は保証する必要はありません。

主債務者への強制執行や、破産手続き開始の決定でないことに注意してください。
これは主債務者が破産しても、賃貸借契約が続く（債務が発生する）こともあるた
め、その保証が必要となるからです。

5 連帯債権

連帯債務は複数で債務を共有しましたが、逆に複数で債権を共有することを連帯債
権といいます。

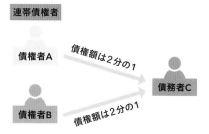

❶絶対効

①絶対効：CがAに弁済すると、その効果はBにも及びます。受け取った分は債権者の中で債
権の割合に応じて分配されます。このケースでは半分ずつに分けることになります。

②履行の請求：AがCに請求をすれば、その効果はBにも及びます。つまりBが請求したこと
と同じになり、時効の完成猶予、または更新の効果が生じます。

③更改・免除：AとCとの間で更改や免除があった場合、Aが受け取る部分についてBは請求
できません。上記の図ではAの受け取る部分は半分となるので、AがCの債務を免除したらB
は残りの半分しか請求できないことになります。

④相殺：CがAに対して反対債権を持っており、相殺を援用したときは、Bに対しても相殺の
効果が及びます。

⑤混同：CがAを相続した、またはAがCを相続したような場合は、返済があったとみなされ
ます。

❷相対効

原則として上記以外で、連帯債権者の１人の行為や事由は、他の連帯債権者に効力を生じさ
せることはありません。

講義11

その他の契約

贈与・請負・委任といった契約についても勉強しておきましょう。
贈与とは無償(タダ)である財産を与える契約、
請負とは建物の建築など、物を作ってもらう契約、
委任とは法律行為などを他人に行ってもらうという
契約のことで、いずれも不動産取引に関係のあるものです。

1 贈与

[1] 贈与とは

贈与契約は、相手方に無償（タダ）である財産を与える契約のことです。財産を与える側が贈与者、与えられる側が受贈者です。

●贈与
例）親から子へ土地・建物を贈与するなど

[2] 契約の成立と解除

贈与契約を結ぶには、定められた方式などはなく、書面による必要もありません（諾成契約）。

贈与契約の解除
①書面によらない贈与は、いつでもこれを解除することができる
（受贈者の側からも解除できる。書面の場合は解除できない）
②すでに引き渡されたなど履行の終わった部分は解除できない
例）土地や建物を引き渡し終わったなど

[3] 引渡義務等

贈与はその目的物や権利を贈与の目的として特定した時の状態で引き渡し、または移転する約束とされています。したがって、特定時の状態で渡していれば、欠陥があっても引渡しの債務を果たしたことになります（特定時から引渡し時までの間に発生した欠陥には責任を負います）。なお、負担付き贈与においては、贈与者は、その負担の限度において、売買の売主と同じ担保責任を負います。

 用語解説 負担付き贈与
たとえば「自分の面倒を見てくれたら、あなたにこの家をあげます」というように、相手に面倒をみてもらったり、何かを手伝ってもらったりする代わりに、財産などを贈与するということです。

2 請負

[1] 請負とは

請負とは、請負人が注文者である相手方に仕事を完成することを約束し、注文者がその完成した仕事に対して報酬を支払う契約です。

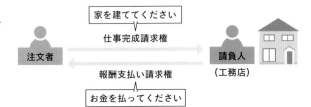

●請負契約
例）工務店に家を建ててもらうなど

[2] 請負人の義務と注文者の義務

請負人は完成した目的物を引き渡す義務、注文者は報酬を支払う義務を負います。完成した目的物の引渡しと報酬の支払いは同時履行の関係にあるので、注文者は完成した目的物を引き渡されたら報酬を支払えばよいのです。**注文者は目的物が完成しない間であれば、いつでも契約の解除が可能**です。途中で解除された場合、請負人は損害の賠償を請求できます。また、注文者の責めに帰すことのできない事由で仕事が完成できなくなったときや、目的物が完成前に解除された場合において、未完成の目的物を引き渡すことで注文者が利益を受けるときは、その利益の割合に応じて請負人は報酬を請求できます。

[3] 請負人の担保責任

もし、完成した目的物に契約の内容に適合しないところがあれば、売買のときと同じように請負人は注文者に対して責任を負うことになります。

❶履行の追完の請求

請負の目的物に契約の内容に適合しないところがある場合、注文者は請負人に対し、契約の内容に適合するよう、履行の追完を請求することができます。

ココに注意!

注文者の供したその材料の性質または与えた指図が原因で種類または品質に関して契約不適合になったときは、請負人がそれを知りながら告げなかった場合を除いて、請負人は契約不適合責任を負いません。

❷報酬の減額の請求

注文者は追完の請求を行ったうえで、報酬の減額の請求ができます。

❸損害賠償の請求

注文者は追完の請求に代えて、または追完の請求とともに損害賠償の請求ができます(請負人に帰責事由がない場合はできません)。

❹請負契約の解除権

請負人の責任の有無にかかわらず、契約を解除(催告解除・無催告解除)ができます。これまで学んだように、催告解除は相当な期間を定め、追完請求を行ったけれど請負人が応じないときに可能であり、催告の意味がないようなケースでは、無催告解除となります。

〔4〕担保責任の期間

原則

種類または品質に関する不適合の場合、注文者は契約不適合を知った時から1年以内にその旨を請負人に通知しなければなりません。
請負人が、契約内容の不適合を知っていたり、重大な過失によって知らなかった場合は、1年の制限はありません。

〔5〕担保責任を負わない特約

当事者間で合意があれば、請負人が担保責任を負わないという特約も有効です。ただし、請負人が契約不適合の存在を知っていたにもかかわらず、注文者に告げなかった場合は、特約は無効となって、請負人は担保責任を負う必要があります。

❸ 委任

［1］委任とは

委任とは、他人に法律行為などの事務を依頼して行ってもらう契約のことです。当事者間の信頼関係があって成り立つ契約といえるでしょう。委託する側が委任者、委託される側が受任者となります。原則的に委任契約は無償ですが、特約がある場合は、報酬を請求することができます。

例）弁護士に訴訟を依頼する、宅建業者に不動産の売買・仲介を依頼する

●委任契約

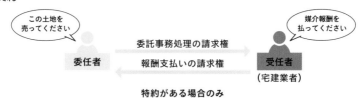

［2］受任者の義務

❶善管注意義務
_{ぜんかんちゅういぎむ}

受任者は、委託事務の処理をするにあたり、委任契約が有償・無償どちらであっても、善良な管理者の注意をもって、細心の注意を払い、委任事務を処理する義務を負います。これを善管注意義務といいます。

❷報告義務

受任者は、委任者から請求があるときは、いつでも委任事務処理の状況を報告し、委任終了後は遅滞なく、その経過および結果を報告しなければなりません。

［3］委任者の義務

❶報酬支払義務

原則として無償ですが、特約で有償とすれば、報酬支払義務があります。その場合は後払いとなります。

❷費用前払義務

委任事務の処理に必要な費用がかかるときは、委任者は受任者の請求があれば、費用の前払いをする必要があります。

❸費用償還・損害賠償義務

受任者が委任事務を処理するのに必要な費用を支払ったときは、委任者に対してその費用と、それを支出した日以後の利息を請求できます。もし、受任者が委任事務を処理するため自己に過失がないのに損害を受けたときには、委任者に損害賠償を請求できます。

［4］委任契約の終了

委任契約はいつでも、委任者、受任者のどちら側からでも特に理由なく解除することができます。ただし、相手方にとって不利な時期に解除したとき、または委任者が受任者の利益をも目的とする委任を解除したときには、損害を賠償しなければなりません。やむを得ない事由があったときは、損害賠償をする必要はありません。また、たとえば委任者が死亡したようなケースでは、委任契約は終了しますが、相続人がすぐにみつからず、委任した事務（業務）をすぐに引き継げないような場合は、受任者は引継ぎができるまで事務（業務）を継続しなければなりません。

> **委任が終了するケース**
> ①委任者または受任者の死亡や破産手続き開始の決定があった場合
> ②受任者の後見開始の審判があった場合
> 　☆委任者に後見開始の審判があっても委任は終了しません。

講義12

不法行為

故意または過失により
他人に損害を与えてしまう行為のことを不法行為といい、
不法行為の加害者は被害者に対し、
損害賠償をしなければなりません。
不法行為にはいくつかケースがあり、
それによって損害賠償責任を負う者も違ってきます。

1 不法行為

[1] 不法行為とは

不法行為とは、故意または過失により、他人に損害を与える行為のことです。たとえば、不注意（過失）で他人の物を壊してしまったり、ケガをさせてしまった場合、加害者は被害者に対し、損害賠償する責任を負います。

[2] 不法行為の成立要件

不法行為が成立する要件は次の5つです。

> **不法行為の成立要件**
> ①加害者の故意または過失のある行為であること
> ②加害者の行為に違法性があること（他人の権利または法律上保護される利益を侵害したこと）
> ③被害者に損害が発生したこと
> ④加害行為と損害との間に因果関係があること
> ⑤加害者に責任能力があること

[3] 損害賠償について

損害賠償についての重要な点は次の6つです。

❶賠償方法

不法行為があれば、加害者は被害者に対して損害賠償する責任を負います。

原則	金銭での賠償

❷損害賠償の範囲

加害行為と因果関係のある損害賠償範囲となります。

❸履行遅滞

不法行為に基づく損害賠償債務については、**損害の発生時から履行遅滞**として扱われ、遅延利息が発生します。

❹相殺の禁止

悪意や人の生命または身体の侵害に基づく不法行為の損害賠償の債務者は、被害者に対して他の債権があったとしても、その債権との相殺を持ちかけることはできません。ここでいう悪意とは、相手に損害を与える目的で行うなど、積極的な害意を意味します。単なる過失で物を壊したような場合であれば、加害者側からでも相殺を主張できます。

例）AはBに貸金債権をもっていたが、Bを加害することによって損害を発生させた場合

⇒「損害賠償の支払いはけっこうですから、相殺してください」というように、被害者からは相殺を持ちかけることができます。ただし、悪意の加害者からは相殺を持ちかけることはできません。損害賠償の支払いがないイコール被害者が救済されない、ということになるからです。

悪意の加害者A　　金銭債権　　被害者B
　　　　　　　　　損害賠償債権
「相殺して」といえない　　　　　「相殺して」といえる

❺損害賠償請求権の消滅時効

不法行為に基づく損害賠償請求権は、次の期間が経過した時に時効によって消滅します。

> **損害賠償請求権の消滅時効**
> **❶被害者またはその法定代理人が損害を知った時から3年**
> **および加害者を知った時から3年**
> **❷不法行為の時から20年**
> ☆人の生命や身体の侵害による損害賠償請求権の特例は、上記❶の期間が5年になります。❷は同じです。

❻過失相殺

不法行為があったときに、被害者にも過失があった場合、損害を公平に分担しましょうということで、裁判所は、これを考慮して損害賠償額を定めることができます。過失相殺が認められると、裁判所は損害賠償額の減額を命じることができます。

過去問を解こう

過去問 ①

（平成30・問9-3・改）

Q Aは、令和6年10月1日、A所有の甲土地につき、Bとの間で、代金1,000万円、支払期日を同年12月1日とする売買契約を締結した。同年10月10日、BがAの自動車事故によって怪我をし、Aに対して不法行為に基づく損害賠償債権を取得した場合には、Bは売買代金債務と当該損害賠償債権を対当額で相殺することができる。

   人の生命または身体の侵害による不法行為によって生じた債務については、加害者側から相殺できません。しかし、被害者Bから相殺を持ち掛けることはできます。

過去問 ②

（令和2（12月）・問1-4）

Q 人の生命又は身体を害する不法行為による損害賠償請求権は、被害者又はその法定代理人が損害及び加害者を知った時から5年間行使しない場合、時効によって消滅する。

  不法行為による損害賠償の請求権は、①被害者またはその法定代理人が損害および加害者を知った時から3年、②不法行為の時から20年で時効によって消滅します。しかし、人の生命または身体を侵害する不法行為の損害賠償請求権は、損害、加害者を知った時から5年、不法行為の時から20年で時効によって消滅します。

❷ 使用者責任

〔1〕使用者責任とは

使用者責任とは、たとえば、宅建業者A（使用者）に勤務しているB（被用者）が、仕事中に、第三者C（被害者）に損害を与えた場合に、使用者、被用者ともに被害者に対して損害賠償責任を負うことをいいます。

●使用者責任

例）宅建業者に勤務している被用者が、業務において顧客に損害を与えてしまった場合

⇒使用者である宅建業者も、被用者もともに、被害者に損害賠償責任を負います。

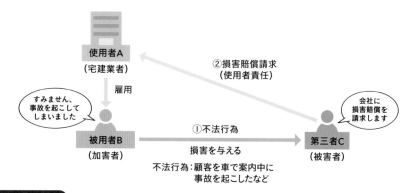

ココに注意！

被用者に全ての責任を押しつけるのは不公平です。被用者の労働で収益を得ている使用者も損失を負担すべき、という観点から、使用者も損害賠償責任を負う、というわけです。

〔2〕使用者責任の成立要件

使用者責任が成立する要件は次の4つです。

使用者責任の成立要件
①事業につき他人を使用していること
②事業の執行のために行ったものであること
③第三者に対する加害行為であること
④被用者自身が一般不法行為の要件に該当していること

ココに注意!

使用者が被用者の選任、監督について相当の注意をしていたのに、損害が生じてしまった場合、または相当の注意をしても損害が生じるような場合は、使用者は責任を免れます。

［3］損害賠償について

❶損害賠償責任

使用者（会社側）は、被害者への損害をすべて賠償する責任を負います。なお、被害者は使用者、被用者のどちらにも損害賠償請求をすることができます。

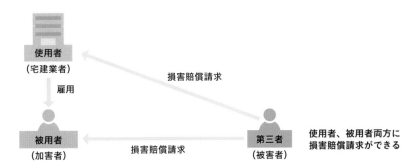

❷求償関係

使用者（会社側）が被害者に損害を賠償したときは、被用者に対して求償できます。ただし、**使用者は信義則上相当と認められる範囲内までしか求償できません。**全額を求償できるわけではないのです。

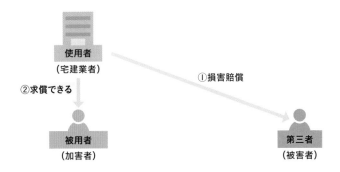

\過去問を解こう/

（平成24・問9-3）

> **Q** Aに雇用されているBが、勤務中にA所有の乗用車を運転し、営業活動のた
> め得意先に向かっている途中で交通事故を起こし、歩いていたCに危害を
> 加えてしまった。この場合において、Aの使用者責任が認められてCに対
> して損害を賠償した場合には、AはBに対して求償することができるので、
> Bに資力があれば、最終的にはAはCに対して賠償した損害額の全額を常に
> Bから回収することができる。

被害者Cへの損害賠償責任は、被用者Bだけでなく使
用者Aも負うことになります。使用者Aが損害賠償を
した場合、被用者Bに対して求償することはできます
が、必ずしも全額を回収できるわけではなく、信義則
上相当と認められる範囲内でしか、回収することはで
きません。

🄷 注文者の責任

請負人が仕事上の行為で第三者に損害を与えても、注文者は損害賠償責任を負いま
せん。たとえば、建物の建築を依頼したところ、大工さんが誤って隣の家の車に傷
をつけてしまったような場合です。このとき、建物の注文者は原則として責任を負
いません。ただし、注文者が請負人に出した注文または指図に過失があって、第三
者に損害を与えたという場合には、注文者は損害賠償責任を負います。

4 土地工作物責任

[1] 土地工作物責任とは

土地の工作物（建物の壁や塀など）の設置や保存に瑕疵（欠陥）があることが原因で他人にケガをさせてしまったなどの損害を与えたときは、工作物の占有者または所有者は、被害者に対して損害賠償責任を負います。

●土地工作物責任
例）A所有の建物をBが借りていたところ、その建物の壁が崩れて通行人Cにケガをさせてしまった場合

所有者A
②所有者または占有者が損害賠償
通行人C
（被害者）
Aが建物を貸している
占有者B
（賃借人）
①建物の壁が崩れてケガをさせてしまった

[2] 土地工作物責任の成立要件

土地工作物責任が成立する要件は次の3つです。

土地工作物責任の成立要件
①土地の工作物であること
②土地の工作物の設置や保存に瑕疵（欠陥）があること
③瑕疵と損害との間に因果関係があること

［3］損害賠償について

損害賠償責任については、まず建物を使用している占有者（賃借人など）が責任を負うことになります（第１次的責任）。ただし、占有者が損害の発生防止について、必要な注意をしていた場合には、建物の所有者が責任を負います（第２次的責任）。建物の所有者は、たとえ自己に責任がなくても、損害賠償責任を免れることはありません。

①第１次的に責任を負うのは ⇒　建物の占有者（賃借人など）

②第２次的に責任を負うのは ⇒　　　建物の所有者

●損害賠償

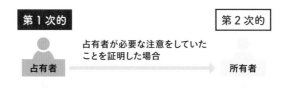

☆ただし、その他に責任を負う者がいる場合、占有者または所有者は求償することができます。

ココに注意！

所有者は無過失責任を負います。無過失責任とは、過失の有無に関係なく損害賠償責任を負うことです。

5 共同不法行為者の責任

複数人が共同の不法行為によって他人に損害を与えた場合、それぞれが連帯して責任を負うことです。被害者は加害者の誰に、損害額を請求してもかまいません。

例）AとBが運転中接触事故を起こし、Cを負傷させた場合

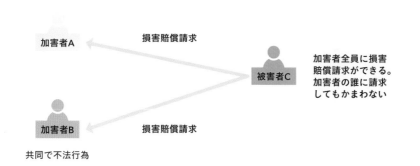

相続

相続とは、亡くなった人の財産や
権利を法律上決められた人（相続人）が引き継ぐ制度です。
まずは、誰が相続人になるのか。
その相続人たちはどれくらいの割合で財産を相続するのか
（法定相続分）を理解するところからはじめましょう。
相続の承認や放棄、遺言のしくみについても
よく出題されています。
試験でも必ず1問出題されますので、
過去問をきちんと解いて準備万端としておきましょう。

1 相続とは

相続とは、ある人が死亡した場合に、その人の財産（資産や負債）や権利を一定の身分関係にある者（相続人）が、法律の規定に基づいて承継する（引き継ぐ）ことです。

2 相続人

［1］相続人の範囲

相続人となる者は、被相続人の一定範囲の血族と被相続人の配偶者に限られます。配偶者は、つねに相続人となります。

❶配偶者
配偶者は、つねに相続人になります。法律上の配偶者のことで、**内縁関係の者は配偶者にはなりません。**

夫　　　妻

配偶者

❷配偶者以外の相続人と順位

配偶者以外の者には順位があります。順位が上位の者から順番に相続人となります。

第一順位	子(子とは直系卑属(ひぞく)のこと)と、その代襲(だいしゅう)相続人

☆代襲相続についてはp166参照

第二順位	父・母、祖父、祖母など(直系尊属(そんぞく))　☆尊属とは自分より世代が上の者のことです

第三順位	兄弟姉妹と、その代襲相続人

●相続人と順位

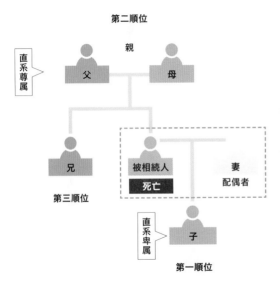

被相続人に子がいるときは、子が相続人となります。被相続人に配偶者がいるときは、子と配偶者が相続人となります。

相続人として考えられるパターン
①配偶者+子
②配偶者+直系尊属
③配偶者+兄弟姉妹
④配偶者のみ
⑤子のみ
⑥直系尊属のみ
⑦兄弟姉妹のみ

ココに注意!

たとえば、子が数人いる場合、同じ順位で相続します。養子も実子と同じ扱いです。

❸ 相続分

相続人が複数いる場合に、誰が遺産をいくら相続するかの割合を相続分といいます。
指定相続分と法定相続分の2種類があります。

［1］ 指定相続分

被相続人は、遺言により各相続人の相続分を定めることができます。指定相続分は、
被相続人の意思によって決定される相続分のため、必ず遺言で行う必要があります。
この指定相続分がない場合は、法定相続分により決定されます。

例）配偶者A、子BとCが共同相続人の場合

⇒指定相続分の例として、 Aは $\dfrac{8}{10}$ 、 Bは $\dfrac{1}{10}$ 、 Cは $\dfrac{1}{10}$ と定めることができます。

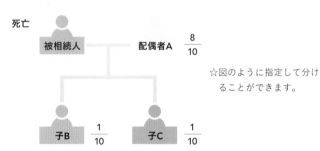

☆図のように指定して分け
ることができます。

［2］ 法定相続分

法定相続分の割合がどうなるか、相続人の組み合わせでみていきましょう。

❶配偶者と子が相続人のとき

| 配偶者 | $\dfrac{1}{2}$ | 子 | $\dfrac{1}{2}$ |

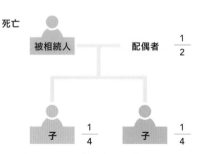

⇒子が数人いるときは、その2分の1を
均等に分けます。

嫡出子と非嫡出子の相続分は同じです。また養子と実子を問わず相続分に差はありません。

❷配偶者と直系尊属が相続人のとき

| 配偶者 | $\frac{2}{3}$ | 直系尊属 | $\frac{1}{3}$ |

⇒父母がいる場合、つまり同順位の直系尊属が2人いる場合は3分の1を均等に分けます。

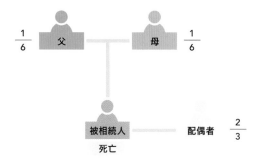

❸配偶者と兄弟姉妹が相続人のとき

| 配偶者 | $\frac{3}{4}$ | 兄弟姉妹 | $\frac{1}{4}$ |

⇒兄弟姉妹が数人いるときは、その4分の1を均等に分けます。

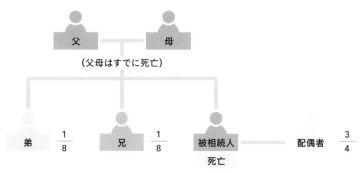

ココに注意!

父母の双方が同じ兄弟姉妹を全血兄弟姉妹、父母の一方だけが同じとなる兄弟姉妹を半血兄弟姉妹といいます。兄弟姉妹が相続人になる場合、半血兄弟姉妹の相続分は、全血兄弟姉妹の場合の2分の1の相続分となります。

過去問を解こう

（平成25・問10-1・改）

Q 婚姻中の夫婦AB間には嫡出子CとDがいて、Dは既に婚姻しており嫡出子Eが
いたところ、Dは令和6年10月1日に死亡した。他方、Aには離婚歴があり、
前の配偶者との間の嫡出子Fがいる。Aが令和6年10月2日に死亡した場合、
法定相続分は、Bが2分の1、Cが5分の1、Eが5分の1、Fが10分の1である。

A ✕ 各相続人の配分は、Bが $\frac{1}{2}$、C・E・Fがそれぞれ $\frac{1}{6}$ と
なります。この場合、被相続人の配偶者と3人の子が
法定相続人に該当します。相続分は、配偶者が $\frac{1}{2}$、
子の分3人を合わせて $\frac{1}{2}$ となります。子の相続分を3
人で均等に相続すれば、$\frac{1}{6}$ ずつです。ところがDは、
すでに死亡しているから、Dの相続分の $\frac{1}{6}$ は、Dの子
であるEがDの相続分を代襲相続することになります。

●解説図

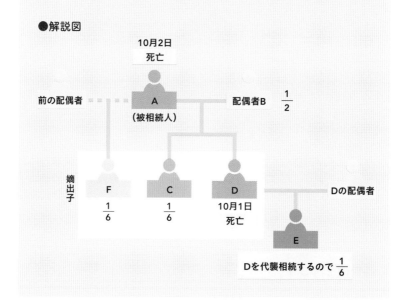

ココに注意！

自分の両親が離婚していても、父母であることに変わりないので、いずれ
が亡くなっても子として相続人となります。

4 代襲相続

[1] 代襲相続とは

相続人となるはずだった者が相続開始以前に死亡や相続欠格といった理由で相続できなくなった場合、その者の直系卑属である子がその者に代わり相続することが、代襲相続です。なお、相続放棄の場合には、その者の子は代襲相続しません。

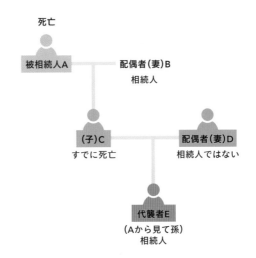

ココに注意！

子が相続できなければ孫、という順番で直系卑属の代襲相続の順位は下ります。これが再代襲相続です。また、被相続人の兄弟姉妹の子（おい・めい）までは、代襲相続の対象となりますが、その子は再代襲相続はしません。また、親など尊属にも代襲相続は認められていません。

過去問を解こう

（令和2(10月)・問8-2）

 被相続人の子が相続開始以前に死亡したときは、その者の子がこれを代襲して相続人となるが、さらに代襲者も死亡していたときは、代襲者の子が相続人となることはない。

  代襲者の子もさらに代襲して相続人になることができます（再代襲相続）。

5 相続人の欠格事由と廃除

相続人の不正行為などがあった場合は、相続する権利を失うことになります。

[1] 相続の欠格事由

次の欠格事由に該当すると、被相続人の意思に関係なく、法律上当然に相続する権利を失うことになります。

相続の欠格事由
①故意に被相続人または相続について先順位もしくは同順位にある者を死亡させたり、または死亡させようとしたことで刑に処せられた者
②被相続人が殺害されたことを知ったのに、これを告発または告訴しなかった者
③詐欺または強迫によって、被相続人が相続に関する遺言をし、撤回し、取り消したり変更することを妨げた者
④詐欺または強迫によって被相続人に相続に関する遺言をさせ、撤回させ、取り消させまたは変更させた者
⑤相続に関する被相続人の遺言書を偽造し、変造し、破棄し、または隠したりした者

[2] 相続廃除

たとえば、被相続人に対する虐待、重大な侮辱といったような著しい非行などがあった場合は、被相続人が家庭裁判所に申し立てることなどで、相続する権利を剥奪することができます。

ココに注意!

欠格・相続廃除のどちらの場合も、代襲相続は可能です（兄弟姉妹の場合はおい・めいまで）。

6 相続の承認・放棄

［1］承認・放棄とは

相続人は、**自己のために相続の開始があったことを知った時から3カ月以内**に、単純承認、限定承認、相続放棄のいずれかを行う必要があります。なお、一度相続を承認・放棄すれば、撤回することはできません。また、3カ月以内に限定承認、相続放棄をしなければ、単純承認したものとみなされます。

●承認と放棄の種類

①単純承認	原則的に、被相続人の権利義務(資産・負債など)をすべて承継すること ・**単純承認したとみなされる場合** 　相続人が、相続財産の全部または一部を処分したときなど
②限定承認	相続によって得た財産の限度においてのみ、被相続人の債務や遺贈を弁済するという条件で相続をすること ⇒家庭裁判所での手続きが必要 ・**相続人が複数人いる場合** 　共同相続人全員が共同しなければ限定承認はできない。共同相続人の1人が相続放棄をした場合には、その者は限定承認からはずれる
③相続放棄	初めから相続人とはならないこと。相続の開始前に相続放棄はできない ⇒家庭裁判所での手続きが必要

●承認と放棄の熟慮期間は3カ月

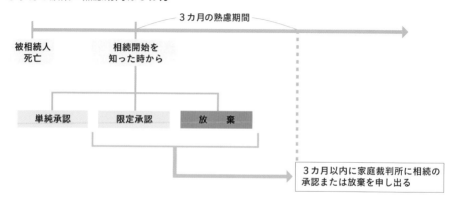

ココに注意!

3カ月の熟慮期間がスタートする時は、相続開始の時ではありません。自分のために相続のあったことを知った時からとなります。

過去問を解こう

(平成28・問10-3)

> 甲建物を所有するAが死亡し、相続人がそれぞれAの子であるB及びCの2名である場合、Cが単純承認をしたときは、Bは限定承認をすることができない。

相続人が複数人いるときは、共同相続人全員が共同で行わなければ、限定承認はできません。Cが単純承認をしたときは、Bが限定承認はできないので、Bは単純承認か相続放棄を選択せざるを得ません。

7 配偶者の居住権の保護

被相続人が死亡した場合に、その配偶者がそれまで居住していた家が、遺贈されたりすることがあります。この場合、配偶者の居住が保護されなくなります。そこで、最低6カ月間は居住する権利を与えるのが、配偶者短期居住権です。

[1] 配偶者短期居住権

配偶者が相続開始時に被相続人の建物(居住建物)に無償で住んでいた場合は、次の期間、居住建物を無償で使用する権利(配偶者短期居住権)を取得します。

配偶者短期居住権の期間
①配偶者が居住建物の遺産分割に関与するときは、居住建物の帰属が確定する日までの間(ただし、最低6カ月間は保障)
②居住建物が第三者に遺贈された場合や、配偶者が相続放棄をした場合には、居住建物の所有権を取得した者から配偶者短期居住権の消滅請求を受けてから6カ月

〔2〕配偶者居住権

被相続人が死亡し、配偶者がそれまで居住していた家が相続財産となった場合、遺言あるいは遺産分割によって終身あるいは一定期間居住することができるようにした権利が配偶者居住権です。この権利が認められると、家の所有権を取得しなくても配偶者は家に無償で住み続けることができます。この配偶者居住権は登記することで第三者にも対抗できますが、譲渡などすることはできません。

具体的な相続においては、配偶者には次のようなメリットがあります。たとえば3,000万円の価値のある住居と2,000万円の現金が相続財産であった場合、配偶者と子の相続分は2,500万円ずつです。家を全て配偶者が相続した場合は、500万円を配偶者は子に支払わなければなりません。しかし、配偶者居住権が設定され、その価値が1,000万円だとすると、家は1,000万円の配偶者居住権と、2,000万円の負担付き所有権に分離され、配偶者は他に1,500万円の現金の相続を得ることができ、この場合、子は500万円の現金を得ることになります。このようにすることで、配偶者がより多くの現金を相続できることになります。

●配偶者居住権が設定されると……

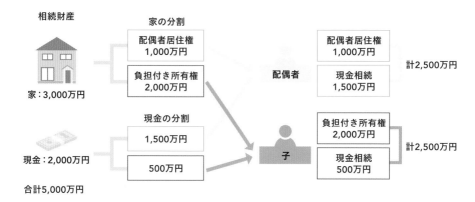

⑧ 遺言(いごん)

〔1〕遺言とは

遺言とは、自分の財産をどのように処分するか、生前に意思表示をしておくことです。年齢が15歳に達すると、遺言ができます。

［2］制限行為能力者の遺言

制限行為能力者であっても、次の場合であれば、遺言は可能です。

①未成年者	15歳になれば単独で遺言が可能
②成年被後見人	判断能力が一時的に回復した時には、医師2人以上の立会いのもとに単独で遺言できる
③被保佐人・被補助人	単独で遺言することができる

［3］遺言の方式（普通方式）

遺言の種類には、自筆証書、公正証書、秘密証書の3つがあります。共同での遺言は禁止されていて、必ず1人ずつ1つの証書でしなければなりません。

●作成方法

種類	作成方法	証人、検認の有無
自筆証書遺言	遺言者が遺言の全文、日付、氏名を自筆し、押印する。添付の財産目録などは自筆でなくてもよいが、署名押印する。 ☆パソコンやビデオなどでの記録はできません。	証人 不要 検認 必要 ☆法務局保管のものは検認不要。
公正証書遺言	遺言者が口述し、公証人が筆記する	証人 2名以上必要 検認 不要
秘密証書遺言	遺言者が署名、押印し、封印する ☆パソコン、代筆は可能です。	証人 2名以上必要 検認 必要

用語解説　検認

家庭裁判所で、遺言書の内容を明確にして遺言書の偽造・変造を防止するための手続きをとることです。遺言の有効・無効を判断する手続きではないので、注意しましょう。

［4］効力の発生時期

遺言の効力は、原則として遺言者の死亡の時から生じます。遺言に停止条件が付いている場合は、条件が遺言者の死亡後に成就した時から効力が生じることになります。

［5］遺言の撤回

遺言は、いつでも遺言の方式に従って、全部または一部を撤回することができます。複数の遺言があって、前の遺言と抵触する後の遺言については、抵触する部分について、後の遺言で前の遺言を撤回したものとみなされます。

\過去問を解こう/

 未成年であっても、15歳に達した者は、有効に遺言をすることができる。

   未成年者は年齢が15歳に達すれば、単独で有効な遺言ができます。

⑨ 遺留分

［1］遺留分とは

被相続人は遺言書を作成することで、財産を相続人以外の人に遺贈すること（財産の全部や一部を無償で人に与えること）ができます。ただその場合、一定の相続人が財産を受け取ることができなくなってしまいます。そこで、一定の相続人に対して、相続財産の一定の割合または額を「遺留分」として認めています。

❶遺留分権利者と割合

（1）遺留分権利者

子、直系尊属、配偶者です。子にはその代襲相続人も含まれます。
兄弟姉妹には遺留分はありません。

（2）遺留分の割合

| 原則 | 法定相続分の $\dfrac{1}{2}$

相続人が直系尊属のみのときは、法定相続分の $\dfrac{1}{3}$

●遺留分の割合

例）Aが死亡し、「財産を他人に譲ります」と遺言にあった場合の、遺留分の割合

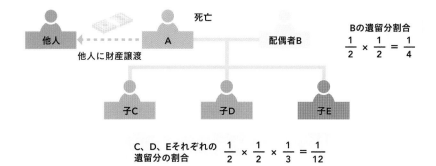

死亡

他人に財産譲渡

Bの遺留分割合

$$\frac{1}{2} \times \frac{1}{2} = \frac{1}{4}$$

C、D、Eそれぞれの遺留分の割合

$$\frac{1}{2} \times \frac{1}{2} \times \frac{1}{3} = \frac{1}{12}$$

ココに注意!

相続人が直系尊属の場合のみ、遺留分は3分の1となります。配偶者と直系尊属が相続人となる場合、遺留分は2分の1となります。

❷遺留分侵害額請求権

遺留分を侵害する遺言や贈与があった場合、相続人はこれを拒否できます。その際には「遺留分侵害額請求」という方法で、**金銭で遺留分を取り戻すことができます。**受遺者または受贈者は、この金銭をすぐに用意できない場合は、裁判所に対し、支払いの期限を延ばすように求めることができます。

遺留分侵害額請求権の消滅時効

遺留分侵害額請求権は一定の期間を経過すると時効によって消滅し、遺留分について主張できなくなります。

●消滅時効までの期間

①相続の開始および遺留分を侵害する遺贈または贈与のあったことを知った時から⇒**1年**

②相続開始の時から⇒**10年**

ココに注意!

遺留分侵害額請求権を行使するのに、必ずしも訴えをおこす必要はありません。口頭でも可能です。

Aには、相続人となる子BとCがいる。Aは、Cに老後の面倒をみてもらっているので、「甲土地を含む全資産をCに相続させる」旨の有効な遺言をした。この場合の遺留分に関して、Bの遺留分を侵害するAの遺言は、その限度で当然に無効である。

  この場合Bに対して遺留分を侵害する遺言があったことになりますが、遺言は無効となりません。

❸遺留分の放棄

相続開始前に、家庭裁判所の許可を受けて遺留分を放棄することもできます。遺留分の放棄をしても、他の共同相続人の遺留分に影響はありませんし、相続を放棄するわけではないので、相続する権利を失うことはありません。

ココに注意！

 1人が遺留分を放棄しても、他の相続人の遺留分は増えません。

🔟 遺贈

遺贈とは遺言者が遺言により、特定のもの（相続人に限りません）に財産や権利などを与えることをいいます。与えられる側を受遺者といいますが、受遺者は相続人以外にも誰でもなることができます。受遺者が遺言者より先に亡くなっていた場合は、遺贈は無効となります。代襲相続のような制度はありません。
遺贈には、包括遺贈と、特定遺贈の2つがあります。

包括遺贈

包括遺贈とは、「Aに対して全財産の半分を遺贈する」のように遺言に定めた場合です。
この場合、受遺者は他の相続人等とともに遺言者の財産を遺言に示された割合で共有することになります。もちろん、債務も継承し、遺産分割協議にも参加することになります。包括遺贈の放棄も3カ月の熟慮期間中に家庭裁判所に申述することによって可能です。

特定遺贈

特定遺贈とは、「土地についてはAに遺贈する」というように、特定の財産を与えることをいいます。この場合は、その財産のみを承継し、他の財産や債務は承継しません。特定遺贈の放棄は、家庭裁判所に申述することは不要で、他の相続人にその旨を伝えることで足ります。

🆔 特定財産承継遺言

特定財産承継遺言はある特定の財産について、特定の相続人に対して、たとえば「田と畑は全て長男に相続させる」というように遺言するものです。この遺言は、遺産分割協議にも優先されることになります。また、文言に「相続させる」とあるように、これは相続人に対してしか用いることができません。

このように遺言した場合、長男は田と畑については、遺産分割協議の必要もなく、また、法定相続分を超えていても単独で登記できます（通常の法定相続分の割合以上の登記は複数の相続人がいる場合、単独ではできません）。

☆ただし、遺留分の問題等は別に発生します。

第三者への対抗要件

上記のように財産を承継した場合、法定相続分を超える部分に関しては、登記をしなければ第三者に対抗することはできないとされています。

講義14

賃貸借契約

他人から物を借りるとき、
賃料を支払うか、支払わない（無償・タダ）かで
契約の内容（類型）が変わってきます。
賃料の支払いがあるほうを賃貸借契約、
賃料の支払いがない場合を使用貸借契約といいます。
まずは賃貸借契約から勉強してみましょう。
賃貸借契約は世の中でも多く行われている契約で、
また、のちに学習する借地借家法のベースになる部分です。

1 賃貸借

賃貸借契約とは、賃料を支払ってある物を借りる契約のことです。貸主になる側が賃貸人、借主になる側が賃借人になります。不動産の取引という場面で考えると、土地の賃貸借、建物の賃貸借があります。

例）家を借りる場合

2 賃貸人と賃借人の義務

［1］賃貸人の義務

賃貸人には、次の権利義務があります。

❶使用収益義務
賃貸人は、賃借人に対して目的物を使用・収益させる義務を負います。

❷修繕義務
賃貸人は、目的物を使用・収益させるために必要な修繕を行わなければなりません（その修繕が賃借人のせいで必要になったときを除きます）。また、賃借人は必要な修繕行為を拒むことはできません。

❸費用償還義務

修繕が必要な場合において、賃借人がその旨を通知し、または賃貸人が知ったにもかかわらず、賃貸人が相当の期間内に修繕をしないなど急迫の事情があるときは、賃借人が修繕をすることができます。

（1）必要費

賃借人が必要な修繕費（必要費）を支出したときは、賃貸人に対して、直ちにその償還を請求できます。
例） フローリングの修繕費、トイレの修繕費など

（2）有益費

賃借人が目的物の価値を高めるための費用（有益費）を支出したときは、賃貸借終了時において、目的物の価値が現存する場合に限り、賃貸人の選択によって「支出額」または「増価額」のどちらかを賃借人に償還しなければなりません。
例） 浴室の水周りを改良する、空調設備を取り付ける

［2］賃借人の義務

賃借人には、次の権利義務があります。

❶賃料支払義務

賃借人は、決まった時期に賃料を支払わなければなりません。賃料の支払時期は、特約がなければ、原則として後払いです。
例） 宅地や建物の賃料（家賃）は毎月末に当月分を支払う

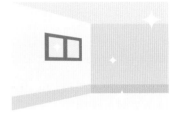

❷用法遵守義務

契約により定められた用法に従って使用・収益します。

❸善管注意義務

借りた物に注意を払い、ていねいに管理しなければなりません。

❹目的物返還義務

賃貸借契約が終了したときは、借りたときの状態に戻して返す、原状回復義務があります。

Q 建物の賃貸人が賃貸物の保存に必要な修繕をする場合、賃借人は修繕工事のため使用収益に支障が生じても、これを拒むことはできない。

A ○ 問題文のとおり、賃貸人は、目的物の使用・収益に必要な修繕を行う義務があり、賃借人は修繕行為を拒否することはできないのです。

3 賃貸借の期間

[1] 期間を定める場合

賃貸借の期間⇒50年まで（最長）

賃貸借契約の最長期間は50年です。50年を超えて定めても、その期間は50年となります。なお、期間を短くするのに制限はありません。期間満了によって賃貸借契約は終了しますが、更新もできます。更新の期間についても、50年以内としなければなりません。

[2] 期間を定めない場合

賃貸借の各当事者は、いつでも解約の申入れができます。解約の申入れがあった場合、土地は1年後、建物は3カ月後に契約が終了します。

●期間の定めのない賃貸借⇒いつでも解約の申入れが可能

●解約の申入れをすると

| 土地 | ⇒1年後に契約終了 |

| 建物 | ⇒3カ月後に契約終了 |

●土地・建物の解約の申入れをした場合の期間

❹ 不動産賃貸借における賃借人の対抗要件

賃貸人（家主）が変わった場合、賃借人はそのまま借りている家に住み続ける権利を主張できるのでしょうか。

例）賃貸人Aが賃借人Bに対して建物を賃貸していたが、Aが建物をCに譲渡した場合

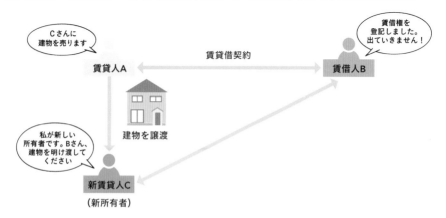

民法では賃借人Bが賃借権の登記をすれば、新しい大家さんである新賃貸人Cに対して賃借権を主張できるので、退去する必要はありません。また、新賃貸人CはBに対して賃料を請求するなど賃貸人であることを主張するためには、所有権の移転登記を受ける必要があります。Bが賃料を支払う相手をはっきりさせるためです。

☆一般的な規定では、賃借人の承諾がなければ、賃貸人の地位は移転しません。

●不動産賃借権の登記について

土地や建物の賃貸借の場合、第三者への対抗要件は土地や建物の登記簿への賃借権の登記となりますが、賃貸人に登記の協力義務がないため、登記することが難しくなります。そこで借地借家法では、賃借権の登記以外の方法が認められており、土地の賃借人は土地上にある自分の建物の登記があれば、第三者に借地権を対抗できるようにしています。また、建物の賃借人は建物の引渡しがあれば、第三者に借家権を対抗できるとしています。

☆詳しくは、**講義15・16「借地借家法」**(p186～参照)で学びます。

●賃借権の対抗要件　民法と借地借家法の比較

	建物	土地
民法	賃借権の登記	
借地借家法	建物の引渡し ☆鍵を渡すなど	建物の登記 ☆表題登記でも権利の登記でも可

5 賃借権の譲渡・転貸

賃借権の譲渡とは、賃借人が第三者に対して賃借権を譲ることです。転貸とは、賃借人が賃貸借の目的物を第三者に転貸（又貸し）することです。

［1］賃借権の譲渡・転貸

賃借人は、賃貸人の承諾を得なければ賃借権を第三者に譲渡することができません。また、賃借物を第三者に転貸することもできません。賃借人が第三者に賃借物を賃貸人の承諾なしに使用収益させたときは、賃貸人は契約の解除をすることができます。

❶賃借権の譲渡
第三者への賃借権の譲渡⇒賃貸人の承諾が必要

●承諾を得て譲渡したら
⇒A・B間の賃貸借関係は終了し、A・C間の賃貸借が継続します。

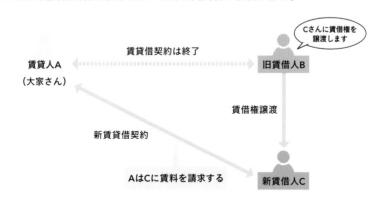

❷賃借物の転貸
第三者への賃借物の転貸⇒賃貸人の承諾が必要

●承諾を得て転貸したら
⇒Bは賃借人のまま存続し、DはAに対して直接義務を負います。AはDに対して直接賃料を請求することができます。

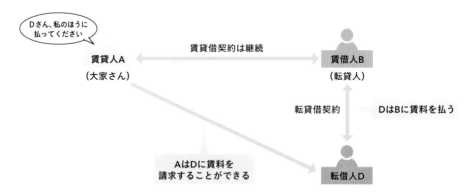

A・B間の契約が合意解除された場合、賃貸人Aはその解除を転借人Dに対抗できません。つまりDに目的物を当然に返せとは言えないのです。しかし、賃借人Bの債務不履行による解除の場合は、返せと言えます。また、期間満了でAB間の契約が終了する場合は、6カ月前までにAからDへの通知が必要です。期間満了で当然に転貸借契約は終了しません。

■無断譲渡・転貸があった場合はどうなる？

お互いの信頼関係を裏切るような背信的行為があれば、
賃貸人は、契約を解除することができます。

ただし

無断譲渡や無断転貸があったとしても、使用や収益の状態に変わりなく、賃貸人に対する背信的行為とならないような場合、賃貸人は契約の解除をすることはできません。

例）親から子へ賃貸権の譲渡・転貸するなど

● 無断転貸にあたらない場合
⇒賃貸人Aの土地をBに貸し、Bが建物を建ててCに貸している場合は、BC間の契約は建物の賃貸借となるため、土地の転貸にはなりません。

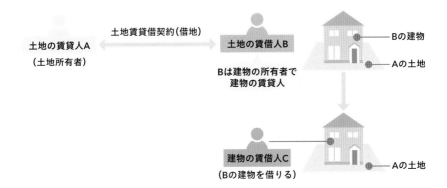

土地賃貸借契約（借地）

土地の賃貸人A
（土地所有者）

土地の賃借人B

Bは建物の所有者で
建物の賃貸人

Bの建物

Aの土地

建物の賃借人C
（Bの建物を借りる）

Aの土地

6 敷金について

［1］敷金とは

敷金とは、賃借人が賃料の支払いができなくなったときなどに備え、債務を担保するために賃貸人に支払う金銭のことです。賃貸人は契約終了後、賃借人の債務があれば、その額を除いた残額を賃借人に返還することになります。

［2］賃貸人・賃借人に変更があったら

❶賃貸人（家主）の変更

オーナーチェンジなどで、賃貸人が変わる場合などが該当します。賃貸人が変わると、敷金の返還債務は新賃貸人に承継されます。そのため、賃貸建物の所有権が譲渡された場合は、新賃貸人C（譲受人）が、旧賃貸人A（譲渡人）から実際には敷金を承継していなくても、賃借人Bが建物を明け渡したときは敷金として返還することになります。

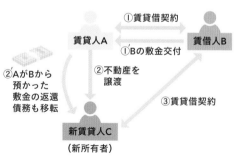

❷賃借人の変更

特約がなければ、敷金は新賃借人Dには承継されないので、賃貸人A（家主）は旧賃借人Bに敷金を返還し、新賃借人Dからは敷金を新たに受領します。

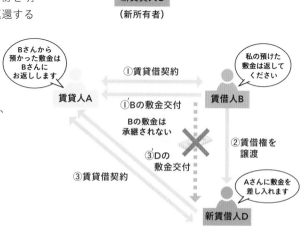

ココに注意！

 賃借人の側から、賃料を支払っていない分を「敷金から控除してください」と申し出ることはできません。

過去問を解こう

（平成27・問8-ア）

 マンションの賃貸借契約終了に伴う賃貸人の敷金返還債務と、賃借人の明渡債務は、特別の約定のない限り、同時履行の関係に立つ。

 A ✕ 賃借人は建物を明け渡さないと、敷金を返還してもらえません。賃貸人の敷金返還債務と賃借人の明渡債務は同時履行の関係には立たないのです。

7 使用貸借

[1] 使用貸借契約とは

使用貸借契約とは、無償（タダ）で目的物を貸す契約のことです。無償で借りられるということもあり、借主の立場はあまり保護されません。

[2] 使用貸借契約と賃貸借契約の違い

無償で借りる使用貸借と、賃貸借契約ではどのような違いがあるのかをおさえておきましょう。

	使用貸借契約	賃貸借契約
契約の態様	無償。意思表示が合致すれば契約成立	賃料の支払いが生じる。意思表示が合致すれば契約成立
第三者への対抗要件	貸主が目的物を譲渡した場合、第三者に対して使用貸借権の対抗はできない（登記できない）。	民法の賃借権登記、借地上の建物登記などで、対抗できる
修繕義務	貸主にはない	賃貸人にある
必要費の負担	借主が負担する	賃貸人が負担する
無断転貸の場合	借主が無断転貸した場合、どんな事情であっても貸主は契約解除が可能	賃借人が無断転貸しても、背信的行為があると認めるに足らない特段の事情があれば、賃貸人は解除できない
担保責任	原則なし	あり
存続期間	定められていない。契約期間や使用目的が定められていなければ、貸主はいつでも返還請求が可能	民法は最長50年 借地借家法の借地は原則30年
借主の死亡による終了	借主の死亡によって、契約は終了（借主の相続人に承継されない）	終了しない。借主の相続人に賃借権が承継される

185

講義15

借地借家法
（借地）

借地借家法は、建物を所有するために土地を借りる人（借地権者）と、
建物を借りる人（建物の賃借人）を保護するために作られた法律です。
ここではまず、借地関係（借地権）のほうから学習していきましょう。
建物を所有するための土地の賃借権（または地上権）を
借地権といいます。
建物所有ではない場合（例：駐車場）は
借地権とはならないことに注意してください。
借地権となれば借地借家法で保護されます。

1 借地借家法とは

民法で定められている賃貸借契約は、目的物を問わず、すべての賃貸借に適用されます。それに対して、ここで学ぶ借地借家法は、土地や建物といった不動産の賃貸借について、特に賃借人が不利にならないよう保護するために定められた法律です。借地と借家にそれぞれ分けて適用されます。

2 借地権とは

ここではまず、借地関係を学んでいきましょう。借地借家法で借地権というのは、建物の所有を目的とする地上権または土地の賃借権のことです。借地権を有する者を借地権者、借地権を設定した者を借地権設定者といいます。

●借地権の定義

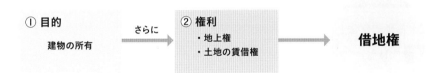

●借地契約の当事者（土地賃借権による場合）

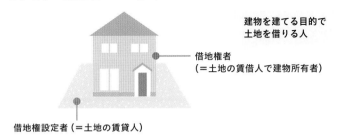

ココに注意！

ガソリンスタンド、ゴルフ場、材木置場など、建物を所有する目的以外の場合は、借地借家法の借地権とはならないため、民法の賃貸借契約が適用されます。

Q 建物所有の目的ではなく、ゴルフ場経営を目的とする土地賃貸借契約で
あっても、対象となる全ての土地につき、借地借家法の規定が全面的に適
用される。

  A ✕ ゴルフ場の場合、ゴルフ場にある建物の敷地に借地借
家法は適用されても、ゴルフコースなどの建物所有を
目的としていない土地賃貸借契約には、借地借家法の
規定は適用されません。

3 借地権の存続期間（契約期間）

［1］ 当初の存続期間

民法と借地借家法との違いをおさえておきましょう。

民法 では

賃借権の存続期間は50年が上限です。

これより長い期間で契約しても、50年が限度とされています。しかし、短い分には1年や6
カ月でもかまいません。

> しかし、建物所有を目的として土地を借りるのだから、あまりに短いと困る。

そこで

借地借家法 では

借地権の存続期間は、一律30年以上としています。

契約で30年より短い期間を定めた場合は30年、30年以上の期間で契約をすれば、その期間
が有効となります。

①存続期間を定めなかった場合 ⇒ 存続期間は30年
②存続期間を30年未満とした場合 ⇒ 存続期間は30年となる
③30年より長い期間を定めた場合 ⇒ その存続期間は有効

（30年より長い期間を定めたときは、その期間となる。
50年を超えることもできる）

☆借地権者に有利な特約は有効ですが、借地権者に不利な特約は無効となります。

［2］更新後の存続期間

借地契約が更新された場合は、1回目の更新なら存続期間は20年、2回目以降の更新であれば、10年となります。1回目、2回目どちらであっても、これより長い期間を定めた場合は、その期間が有効となります。
☆借地権者に有利な特約は有効ですが、借地権者に不利な特約は無効となります。

●更新後の存続期間

当初30年　　　　　　　　　　　更新1回目
20年　　　　　　　　更新2回目以降
10年

4 借地契約の更新方法

更新方法には合意更新、法定更新の2つがあります。
☆借地権者に有利な特約は有効ですが、借地権者に不利な特約は無効となります。

［1］合意更新

借地権設定者と借地権者が合意のうえで更新することです。借地契約は終了せず、更新により継続します。

［2］法定更新

借地借家法では、借地上に建物を所有している借地権者を保護するため、なるべく借地契約を更新させようとしています。そのため、借地契約の期間が満了の際に借地権設定者と借地権者の合意がなくても更新となる場合があります。これを法定更新といい「請求による更新」と「土地使用継続による更新」の2つがあります。

❶請求による更新

借地権者が契約の更新を請求したときに、借地上に建物がある場合に限り、従前（これまで）の契約と同一の条件で更新したものとみなされます。

更新を請求できる者 ⇒ 　借地権者

更新請求の相手方　⇒ 　更新請求時の借地権設定者

借地上に建物が存在

☆転借地権者は、借地権設定者と直接の契約関係がないので、更新請求することはできません。

❷土地使用継続による更新

借地権の存続期間満了後、借地上に建物があって、借地権者が土地を継続的に使用している場合は、契約を更新したものとみなされます。

借地上に建物が存在

［3］正当事由

法定更新の場合、借地権設定者が更新請求や使用継続について正当事由をもって遅滞なく異議を述べれば、更新はされません。

正当事由の判断基準
①土地の使用を必要とする借地権設定者と借地権者の事情
②土地の利用の状況
③借地に関するそれまでの経過
④借地権設定者が土地の明渡しの条件として借地権者に対する立退料などの財産上の給付の申出があるか

正当事由の有無は、上記の4つの事情を総合的に考慮して判断されます。

ココに注意！

立退料を支払っただけで、正当事由が認められるわけではありません。

過去問を解こう

過去問 ①
（平成21・問11-2）

 借地権の当初の存続期間が満了する場合において、借地権者が借地契約の更新を請求したときに、建物がある場合は、借地権設定者が遅滞なく異議を述べたときでも、その異議の理由にかかわりなく、従前の借地契約と同一の条件で借地契約を更新したものとみなされる。

  借地権設定者が正当事由をもって遅滞なく異議を述べた場合は、更新が認められない場合があります。この問題文には、「その異議の理由にかかわりなく～更新したものとみなされる」との一文がありますが、この部分が誤りです。

過去問 ②
（令和2（10月）・問11-4・改）

 A所有の甲土地につき、Bとの間で居住の用に供する建物所有を目的として存続期間30年の約定で賃貸借契約（以下この問において「本件契約」という。）が締結された。AとBとが期間満了に当たり本件契約を最初に更新する場合、更新後の存続期間を15年と定めても、20年となる。

  最初の更新では、更新後の存続期間は最低でも20年間となります。それより短い期間を定めても、借地借家法では20年とされるのです。

権利関係

講義15 借地借家法（借地）

191

5 借地権の対抗力

[1] 地上権と土地賃借権

民法の賃貸借契約では、不動産の賃借権を第三者に対抗するためには登記が必要です。一方、借地借家法では、借地権者を保護するために、借地権者が土地（借地）上に借地権者名義（妻や子の名義ではダメ）で登記されている建物を所有すれば、土地に賃借権の登記がなくても第三者に対抗できるとしています。

●賃借権の第三者対抗力

ダメです。
返しません

借地権者B
(建物を自分
名義で登記)

対抗できる

対抗できる
①借地上に建物が存在している
②その建物は借地権者本人が所有している
③借地権者本人名義の登記があること

Bさん、土地を
明け渡してください

借地権設定者A

土地の所有権移転

土地の新所有者C

ココに注意！

借地上の建物に借地権者が住んでいなくても、第三者に対抗できます。

[2] 建物が滅失した場合

本人名義で登記している建物を所有していれば、火災などで建物の滅失があったとしても、定められた内容を借地上の土地の見やすい場所に掲示すれば借地権を対抗できます。建物滅失の日から2年を経過するまでの間に建物を再築し、その建物の登記をすればよいのです。

借地上の土地の見やすい場所に掲示する事項
①その建物を特定するために必要な事項
②その滅失日
③建物を新たに築造する旨

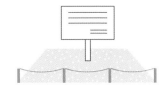

過去問を解こう

（平成28・問11-1）

Q Aが居住用の甲建物を所有する目的で、期間30年と定めてBから乙土地を賃借している。Aが甲建物を所有していても、建物保存登記をAの子C名義で備えている場合には、Bから乙土地を購入して所有権移転登記を備えたDに対して、Aは借地権を対抗することができない。

A ○ 建物の登記は、借地権者本人名義のものである必要があります。借地権者の子の名義で登記していても、借地権を第三者に対抗できません。

権利関係

講義15 借地借家法（借地）

6 借地上の建物再築（最初の借地契約期間中）

最初の契約期間中に建物が災害などで滅失してしまっても、借地権は消滅しません。最初の借地契約期間内であれば、再築は可能です。ただし、借地権設定者の承諾がある場合とない場合とで、借地権の存続期間は変わります。

［1］借地権設定者の承諾がある場合

借地権は、借地権設定者が承諾した日か建物が再築された日のいずれか早い日から20年間存続します。ただし、契約の残存期間が20年より長いとき、当事者間の合意によってこれより長い期間を定めたときは、その期間となります。

●承諾日と再築日

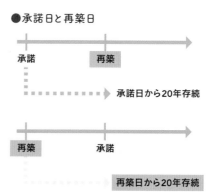

193

［2］借地権設定者の承諾がない場合

借地権設定者の承諾がなくても、借地権の残存期間を超えて存在する建物を再築することは可能です。

● 契約更新前の建物再築

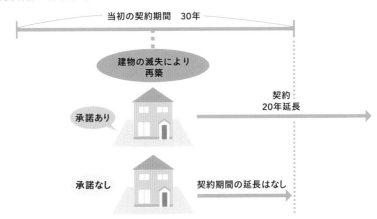

当初の契約期間　30年

建物の滅失により
再築

承諾あり

契約
20年延長

承諾なし

契約期間の延長はなし

■ 借地権設定者からの確答がなかったら？

借地権設定者が、**借地権者から残存期間を超えて存続する建物を新たに再築する旨の通知を受けてから2カ月以内に異議を述べなかったら、承諾があったものとみなされ**、存続期間が延長されます。このときも、借地権設定者が承諾した日か建物が再築された日のいずれか早い日から20年間、存続する期間を延長することができます。

＼ 過去問を解こう ／

 借地権の存続期間が満了する前に建物の滅失があった場合において、借地権者が借地権の残存期間を超えて存続すべき建物を築造したときは、その建物を築造することにつき借地権設定者の承諾がない場合でも、借地権の期間の延長の効果が生ずる。

  借地権の存続期間が満了する前に建物が滅失した場合、建物の再築について、借地権設定者の承諾がない場合は、借地権の期間の延長はありません。承諾があった場合は延長可能です。

7 借地上の建物再築（借地契約更新後）

契約更新後に建物が滅失した場合、借地権設定者の承諾（これに代わる裁判所の許可）がなければ、残存期間を超えて存続する建物の再築はできません。この部分が最初の借地契約の期間中での再築の場合と異なります。承諾を得ての再築であれば、最初の借地契約の期間中での場合と同様に、借地権は承諾または再築のいずれか早い方の日から20年間になります。しかし、承諾を得ない再築の場合は、借地契約は解約となるおそれがあります。

［1］借地権設定者の承諾がある場合

存続期間は承諾または再建築の早い方の日から20年間存続します。契約更新前の場合と同じ取り扱いです。

［2］再築につきやむを得ない事情があるのに、借地権設定者が承諾しない場合

借地権者は、借地権設定者の承諾に代わる許可を裁判所に申し立てることができます。裁判所の許可があれば、再築は可能です。

［3］借地権設定者の承諾も裁判所の許可も得ずに建物を再築した場合

借地権設定者は、地上権の消滅請求または土地賃貸借契約の解約の申入れができます。この場合、消滅請求または解約申入れの日から3カ月を経過すると、借地権は消滅します。

☆借地権設定者への建物再築の通知後、2カ月以内に確答が得られなくても、承諾があったものとはみなされません。

［4］借地権者からの解約等

借地権者は契約更新後に建物が滅失した場合、地上権の放棄または土地の賃貸借の解約の申入れをすることができます。地上権の放棄または土地の賃貸借の解約の申入れがあった日から3カ月を経過すると、借地権は消滅します。

ココに注意！

更新後の建物滅失に関しては、借地権者に再築の自由はありません。再築につき借地権設定者の承諾を得られる見込みがない場合、土地の賃料を払い続けるのも無意味なので、借地権者からの解約申入れ等を認めています。

●借地契約更新後の建物再築

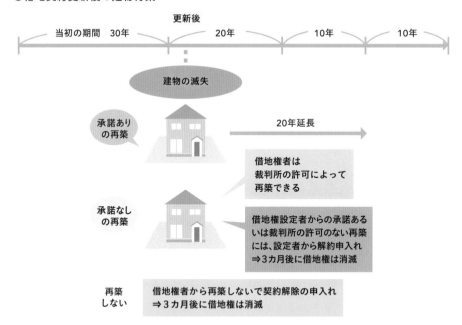

（令和4・問11-3）

過去問を解こう

> **Q** 借地上の建物が滅失し、借地権設定者の承諾を得て借地権者が新たに建物を築造するに当たり、借地権設定者が存続期間満了の際における借地の返還確保の目的で、残存期間を超えて存続する建物を築造しない旨の特約を借地権者と結んだとしても、この特約は無効である。

A ○ 借地権の存続期間中に借地上の建物が滅失した場合、借地権設定者の承諾を得ることで、借地権の期間の延長が可能です。本問のような特約は、借地権者に不利となるため無効です。

8 裁判所の許可が必要となる場合

[1] 借地条件の変更

借地契約は長期間にわたります。そのため、借地契約を交わしていた当初から比べて、法令による土地利用の規制の変更、付近の土地の利用状況の変化などで借地条件が現在の状況に合わなくなることもあるでしょう。その場合に、もし当事者間で借地条件の変更について協議が調わなかったら、裁判所は当事者の申立てにより借地条件を変更することができます。

[2] 増改築の許可

増改築を制限する旨の借地条件がある場合、当事者間で協議が調わなかったら、裁判所は借地権者の申立てにより、増改築について借地権設定者の承諾に代わる許可を与えることができます。

[3] 譲渡・転貸の許可

借地権者が賃借権の目的である土地の上の建物を第三者に譲渡しようとする場合において、借地権設定者に不利となるおそれがないにもかかわらず、借地権設定者が土地の賃借権の譲渡または転貸の承諾を与えないときは、裁判所は借地権者からの申立てにより、借地権設定者の承諾に代わる許可を与えることができます。譲受人からの申立てではありませんので注意してください。

●譲渡・転貸の許可

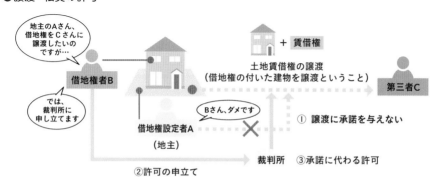

☆BからCにすでに譲渡された場合は、Cは承諾しないAに対し、建物の買取請求を行うことができます。

ココに注意！

借地権が地上権の場合、地上権は物権なので地上権の譲渡や転貸の場合には、地上権設定者の承諾は不要です。しかし、借地権が賃借権の場合は、譲渡や転貸をするときに、借地権設定者の承諾が必要です。

［4］第三者が借地上の建物を競売で落札した場合

第三者が競売によって借地上の建物を競落した場合に、不利となるおそれがないにもかかわらず借地権設定者が土地の賃借権の譲渡を承諾しないときは、競落した第三者から裁判所に対して地主の承諾に代わる許可を申し立てることができます。

●第三者による建物の競落

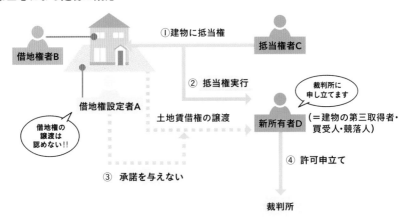

☆Aが承諾しない場合、DはAに対し、建物の買取請求を行うこともできます。

ココに注意！

裁判所への申立ては、競落した第三者が建物の代金を支払った後2カ月以内に限り、することができます。

198

借地権者が賃借権の目的である土地の上の建物を第三者に譲渡しようとする場合において、その第三者が賃借権を取得しても借地権設定者に不利となるおそれがないにもかかわらず、借地権設定者がその賃借権の譲渡を承諾しないときは、裁判所は、その第三者の申立てにより、借地権設定者の承諾に代わる許可を与えることができる。

借地権者が賃借権の目的である土地（借地）上の建物を第三者に譲渡しようとする場合、第三者が賃借権を取得しても借地権設定者に不利となるおそれがないにもかかわらず、借地権設定者が賃借権の譲渡を承諾しないときは、裁判所は、借地権者からの申立てにより、借地権設定者の承諾に代わる許可を与えることができます。第三者からの申立てではありません。

9 建物買取請求権

借地権が消滅した後で、契約が更新されないときは、借地権者は時価で建物やその他の附属物の買取りを借地権設定者に請求できます。

●建物の買取請求ができる場合

建物の買取請求ができる場合	請求権者
①更新請求による更新がない場合	借地権者
②土地使用継続による更新がない場合	借地権者
③第三者が借地上の建物を取得したときに、借地権設定者が賃借権の譲渡や転貸を承諾しない場合	第三者

ココに注意！

地代を支払わないといった債務不履行による理由で契約を解除されたら、建物買取請求はできません。

🔟 定期借地権

［1］ 定期借地権とは

普通の借地権とは違い、最初に定めた期間で借地関係が終了し、そのまま更新はされずに貸主に土地が返還される契約のことです。

［2］ 種類

❶一般定期借地権

建物の用途に制限はありません（居住用・事業用ともに可）。

一般定期借地権の内容
①契約の更新がない
②建物の再築による存続期間延長がない
③建物買取請求権がない

➡ **存続期間50年以上**
書面（電磁的記録でも可）で行う。
公正証書でなくてもよい。

❷事業用定期借地権

もっぱら事業の用に供する建物（居住の用に供するものを除く）の所有を目的とする場合に、10年以上50年未満の範囲で設定することができます。契約は公正証書（電磁的記録は不可）で行います。

❸建物譲渡特約付借地権

借地権設定後30年以上を経過した日に、借地上の建物を相当の対価で借地権設定者に譲渡する特約をした借地権です。契約は書面でなく口頭でも可能です。

●普通借地権と定期借地権のまとめ

	普通借地権	一般定期借地権	事業用定期借地権	建物譲渡特約付借地権
契約の存続期間	30年以上	50年以上	10年以上50年未満	30年以上
契約方法	口頭でよい	公正証書等書面^(☆)	公正証書のみ	口頭でもよい
利用目的	制限なし	制限なし	事業用建物のみ	制限なし
建物買取請求権	あり	なし	なし	建物譲渡特約あり

☆電磁的記録でも可

ココに注意！

事業用定期借地権は、あくまで非居住用に供する場合にのみ設定できます。事業用としての賃貸マンションであれば、居住用扱いとなるので設定できません。

11 地代等増減請求権

借地期間が長期にわたると、経済的な事情などによる土地の価格の上昇や下落によって当初の地代等が不相当となることも考えられます。こんなときのために、契約条件にかかわらず、地代の増減を請求することが認められています。これが、地代等増減請求権です。ただし、当事者間において、一定期間増額しないという特約がある場合、増額請求はできません。減額しない旨の特約は、借地権者に不利なので無効となります。

12 一時使用目的の借地権

工事用に仮設の建物を建てるなど、借地の目的が「一時使用のため」であることが明らかな場合には、一時使用目的の借地権が使用できます。その内容は次のとおりです。

借地借家法の規定が適用されない	借地借家法の規定が適用される
・存続期間 ・契約更新請求 ・建物再築による借地期間の延長 ・建物買取請求権 ・定期借地権の規定　　　　など	・借地権の対抗力 ・地代等増減請求権 ・第三者の建物買取請求権 ・土地の賃借権の譲渡または転貸の許可　　　　　　　　　　　　　　　など

＼過去問を解こう／

(平成24・問11-4)

　仮設建物を建築するために土地を一時使用として1年間賃借し、借地権の存続期間が満了した場合には、借地権者は、借地権設定者に対し、建物を時価で買い取るように請求することができる。

  　一時使用での借地権の存続期間が満了しても、借地借家法による「建物買取請求権」は適用されないので、この場合、建物を時価で買い取ってはもらえません。

講義16

借地借家法
（借家）

賃貸借のうち、「建物の賃貸借」には借地借家法が適用されます。
借地の場合と同様に、「建物の賃借人」を保護していこうという考え方です。
民法では有効となる特約であっても、
建物の賃借人に不利となるものであったら無効となったりします。
なお、建物の賃貸借であっても「一時使用目的」の場合や、
賃貸借ではなく「使用貸借」の場合には、
借地借家法は適用されません。民法の賃貸借の規定の適用となります。

1 建物の賃貸借（借家権）

建物の賃貸借については、借地借家法の借家に関する規定が適用されます。なお、「使用貸借」や仮設の事務所など「一時使用目的での建物の賃貸借」は、借地借家法の適用外で、民法が適用されます。

●借家契約の当事者

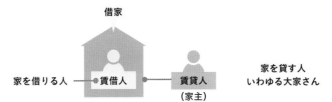

借家

家を借りる人 ——— 賃借人 —— 賃貸人 (家主)

家を貸す人 いわゆる大家さん

2 建物の賃貸借の期間

借地権での場合と同様に、民法と借地借家法とでは異なる規定となっています。

民法 では

賃貸借の存続期間は50年が上限です。

借地借家法 では

借家の存続期間は1年以上としています。
1年未満の期間を定めた場合、期間の定めがない契約とみなされます（定期建物賃貸借を除く）。期間の定めがない契約では、当事者はいつでも解約を申し入れることができます。

①1年未満の期間を定めたとき ⇒ 期間の定めがない契約となる

②1年以上の期間を定めたとき ⇒ そのまま有効

ココに注意！

1年未満の期間を定めたときは、期間の定めがない契約となる点に注意しましょう。

❸ 建物賃貸借契約の更新等

更新方法には、合意更新と法定更新の２つがあります。

［1］合意更新

借家期間が満了したときに、当事者の合意があれば賃貸借は更新されます。

［2］法定更新

法定更新では、当事者同士の合意はなくても、法律の規定によって契約が継続します。法定更新のしくみについて❶期間の定めがある契約、❷期間の定めがない契約、２つのケースでみていきましょう。

❶期間の定めがある契約

期間の定めがある場合に期間満了と同時に明渡しを求めるときは、**賃貸人は、期間満了前1年から6カ月前までの間に、賃借人（借家人）に対して「更新をしない」旨を通知する必要があります（賃貸人には正当事由も必要です）**。もし通知しなければ、従前の契約と同一条件で更新されますが、更新後の契約期間は定めがないものとなります。賃借人が更新をしない通知をする場合には、やはり1年から6カ月前までに通知しますが、正当事由は不要です。

使用継続による法定更新
更新拒絶の通知をしているにもかかわらず、期間満了後に建物の賃借人が使用を継続していることに対して、賃貸人が遅滞なく異議を述べなかったときは、従前と同一条件で契約が更新されます。この場合、更新後の契約期間は定めがないものとなります。

●期間の定めがある契約

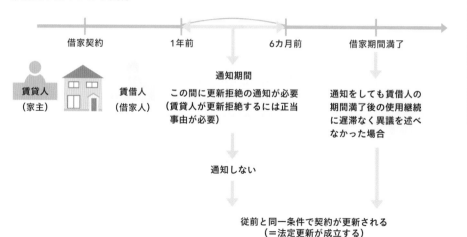

❷期間の定めがない契約

（1）賃貸人からの申入れ

期間の定めがない場合、賃貸人は、いつでも解約の申入れができますが、その場合は正当事由が必要となります。解約の申入れから6カ月経過すれば、契約は終了となりますが、**賃貸人の解約の申入れ後から6カ月経過しても、賃借人が使用継続し、賃貸人が遅滞なく異議を述べなかったときは、従前の契約と同一条件で更新したものとみなされます**（解約申入れの効力がなくなります）。

（2）賃借人からの申入れ

賃借人も、いつでも解約の申入れをすることができますが、申入れにあたり正当事由は不要です。**契約は申入れから3カ月後に終了**します。

●期間の定めがない契約

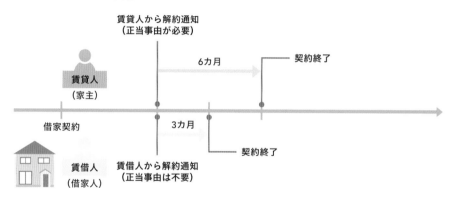

過去問を解こう

 AはBと、B所有の甲建物につき、居住を目的として、期間3年、賃料月額20万円と定めて賃貸借契約（以下この問において「本件契約」という。）を締結した。AもBも相手方に対し、本件契約の期間満了前に何らの通知もしなかった場合、従前の契約と同一の条件で契約を更新したものとみなされるが、その期間は定めがないものとなる。

 ○ 期間の定めがある建物の賃貸借契約で、期間満了の1年前から6カ月前までに相手方に対して更新しない旨の通知をしていない場合は、従前と同一条件で契約を更新したものとみなされます。また、契約期間は定めがないものとなります。

［3］正当事由

賃貸人からの解約申入れには必ず正当事由が必要になります。次の条件を考慮して、正当事由の有無を判断します。

正当事由の判断基準
①建物の賃貸人と賃借人がそれぞれ建物の使用を必要としている事情
②建物の利用状況と建物の現況
③建物の賃貸借に関するそれまでの経過
④建物の賃貸人が建物の明渡しの条件として、賃借人に対する立退料などの財産上の給付の申出があるか

4 借家権の対抗力

建物の賃借人は建物賃借権の登記があれば、第三者（建物を買い受けた者など）に対抗できますが、**登記がなくても建物の引渡しがあれば、第三者に対抗することができます。**

●第三者への対抗力

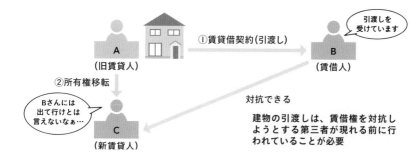

A（旧賃貸人）

①賃貸借契約（引渡し）

B（賃借人）

引渡しを受けています

②所有権移転

Bさんには出て行けとは言えないなぁ…

C（新賃貸人）

対抗できる

建物の引渡しは、賃借権を対抗しようとする第三者が現れる前に行われていることが必要

  ココに注意！

建物の引渡しは、鍵の引渡しなどでも認められます。

 過去問を解こう

（平成27・問11-3）

Q　AがBとの間で、A所有の甲建物について、期間3年、賃料月額10万円と定めた賃貸借契約を締結した。Cが、AB間の賃貸借契約締結前に、Aと甲建物の賃貸借契約を締結していた場合、AがBに甲建物を引き渡しても、Cは、甲建物の賃借権をBに対抗することができる。

A ✕　建物の賃貸借の場合は、先に引渡しを受けているBが甲建物の賃借権を対抗できるので、CはBに対抗することはできません。

5 造作買取請求権

建物の賃貸借契約が終了したときに、建物の賃貸人の同意を得て建物に取り付けた畳やエアコン等の空調設備の造作があれば、賃貸人に対して時価で買い取るよう請求ができます。これは、賃借人が賃貸人から買い受けた造作についても認められます。ただし、賃貸借契約終了後に造作の買取りはしない、といった特約をつけることも可能です。

造作買取請求権の成立要件
①造作であること
②賃貸人の同意
③賃貸借の終了

過去問を解こう

（平成23・問12-1）

 Q Aが所有する甲建物をBに対して賃貸する場合の賃貸借契約の条項において、AB間の賃貸借契約が借地借家法第38条に規定する定期建物賃貸借契約であるか否かにかかわらず、Bの造作買取請求権をあらかじめ放棄する旨の特約は有効に定めることができる。

  A ○ 賃借人に不利な特約は無効ですが、造作買取請求権についてはあらかじめ放棄するという特約は有効です。定期建物賃貸借の場合も同じです。

❻居住用建物の賃借権の承継

居住用建物の賃借人が死亡して、妻や子といった家族（相続人）がいる場合は、借家権はそのまま承継されます。ただ、賃借人に家族（相続人）がいない場合はどうなるのでしょうか。

こんな場合はどうなる？

居住用建物の賃借人が相続人なしに死亡した場合で、事実上の夫婦または養親子の関係にあった同居者がいるとき

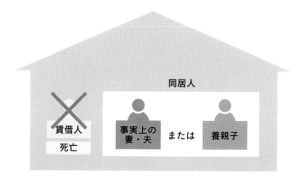

賃借権は承継できます。
ただし、同居者が、賃借人の死亡を知った後1カ月以内に賃借権を承継しないという旨の反対の意思表示をしたときは、賃借権は承継しません。上の図において、相続人がいる場合は、賃借権は相続人に移転されるので、事実上の妻や夫は承継できません。つまり、明け渡さなければならない場合もあります。

7 定期建物賃貸借（定期借家契約）

［1］定期建物賃貸借とは

期間が満了すれば、契約の更新をせずに建物が賃貸人に返還される契約のことです。
契約期間に制限はありません。

［2］成立要件

定期建物賃貸借の契約をする場合には、次の要件を満たす必要があります。

定期建物賃貸借契約の成立要件
①書面（公正証書その他の書面や電磁的記録）での契約であること
②あらかじめ賃借人に書面（電磁的記録でも可）を交付して、更新がなく期間満了で終了することを説明する^(☆)。重要事項説明書と兼ねることができる。
③更新がないことについて、当事者間で合意があること
☆テレビ電話等のITを活用して説明することもできます。

［3］終了通知

定期建物賃貸借の期間が１年以上である場合は、建物の賃貸人は期間満了の１年前から６カ月前までの間に建物の賃借人に対し、期間満了により建物の賃貸借が終了する旨を通知しなければ、終了を賃借人に対抗できません。ただし、通知期間の経過後に建物の賃借人に対して通知をした場合は、通知の日から６カ月を経過した後、終了を賃借人に対抗できます。

●期間終了の通知時期

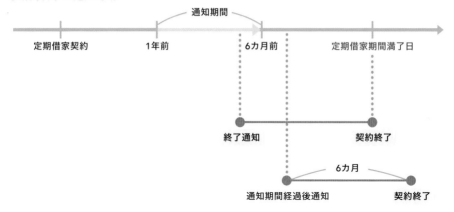

[4] 賃借人の中途解約

床面積が200㎡未満の居住用建物の賃貸借の場合、転勤、療養、親族の介護などその他やむを得ない事情によって、賃借人が建物を生活の本拠として使用することが困難となったときは、建物の賃借人は、建物の賃貸借の解約の申入れをすることができます。この場合、賃貸借は解約の申入れの日から1カ月を経過することによって終了します。

 過去問を解こう

（平成28・問12-4）

Q AはBと、B所有の甲建物につき、居住を目的として、期間3年、賃料月額20万円と定めて賃貸借契約（以下この問において「本件契約」という。）を締結した。本件契約が借地借家法第38条の定期建物賃貸借で、契約の更新がない旨を定めた場合でも、BはAに対し、同条所定の通知期間内に、期間満了により本件契約が終了する旨の通知をしなければ、期間3年での終了をAに対抗することができない。

   この場合、定期建物賃貸借で3年の契約となり、契約期間が1年以上です。期間満了となる1年前から6カ月前までの間に建物の賃借人に契約が終了することを通知しなければ、契約の終了を賃借人に対抗することはできません。

8 借賃増減請求権

講義15「**借地借家法（借地）**」の**11 地代等増減請求権**（p201参照）の借賃（家賃）版と考えておけばよいでしょう。経済的な変動の影響を受けて不動産価格の上昇や下落によって、家賃が不相当な額になった場合は、契約条件にかかわらず家賃の増減を請求することが認められています。ただし、当事者間で一定期間増額しないという特約がある場合は、増額請求はできません。なお、減額をしない旨の特約は借家人に不利なので無効です（定期借家契約では有効）。

9 取壊し予定の建物の賃貸借

法令または契約によって、一定の期間を経過した後に建物を取り壊すことが明らかな場合に建物の賃貸借をするときは、建物を取り壊すこととなる時に賃貸借が終了する旨を特約で定めることができます。この特約は、建物を取り壊すべき事由を記載した書面（電磁的記録でも可）によって行う必要があります。この書面は公正証書でなくてもかまいません。

取り壊すべき事由
①都市計画法などによる都市計画事業の実施
②定期借地権の期間満了
③建物の老朽化　など

過去問を解こう

（平成23・問12-3・改）

Aが所有する甲建物をBに対して賃貸する場合の賃貸借契約の条項において、法令によって甲建物を2年後には取り壊すことが明らかである場合、取り壊し事由を記載した書面又は電磁的記録によって契約を締結するのであれば、建物を取り壊すこととなる2年後には更新なく賃貸借契約が終了する旨の特約を有効に定めることができる。

  ○ 建物の取り壊し事由を記載した書面または電磁的記録で契約を行えば、更新をせずに賃貸借契約を終了する旨の特約を定めることができます。

権利関係

講義16 借地借家法（借家）

213

区分所有法

区分所有法は、分譲マンションに関する法律と考えましょう。
マンションでは、1つの建物内で多くの人が生活するので、
規約を設けたり、集会決議などをして、
共同生活の秩序を保つ必要があります。
試験では決議数などの数字を問われることもあるので、
ちゃんと覚えておきましょう。

1 区分所有法とは

マンションには、1つの建物のなかに複数の部屋（構造上区分された部分・専有部分）があることから、複数の所有権が存在します。このように建物を区分して複数の所有権が存在している建物を区分所有建物といいます。この専有部分の所有権を区分所有権、区分所有権を持っている人を区分所有者といいます。この区分所有者の権利やマンションの建物、敷地の管理について定めている法律を区分所有法といいます。区分所有法は、マンションのほかにもオフィスビルなどの建物にも適用されますが、基本的には分譲マンションに関する法律、と考えておけばよいでしょう。

●区分所有権と区分所有者

区分所有権を持つ人
‖
区分所有者
マンションの部屋の所有者
例）406号室のAさん

2 専有部分と共用部分

マンションには、専有部分と共用部分の2つの部分があります。

［1］専有部分

一棟の建物のうち構造上区分された建物の部分。つまり、独立したマンションの部屋自体や店舗などのことです。登記の対象となる専有部分の床面積は、壁その他の区画の内側線で測った面積（内法面積）によって表記されます。

●専有部分

マンションの各部屋の部分のこと

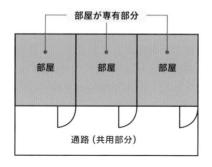

●内法面積と壁芯面積

内法面積とは、壁その他の区画の内側線で測った面積のこと

壁芯面積とは、壁の中心線から測った面積のこと

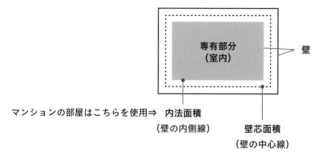

［2］共用部分

専有部分以外の建物部分のことです。区分所有者が共同で使用する部分となります。

共用部分には、法定共用部分と規約共用部分があります。

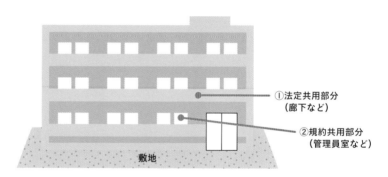

❶法定共用部分

マンションの構造上、区分所有者が当然に共同で使うとされる部分です。

例）エントランス、階段、廊下、エレベーターなど

☆当然に共用部分となるので、登記される部分ではありません（登記の対象とはなりません）。

❷規約共用部分

本来は専有部分であるけれど、規約で共用部分とした部分、附属建物の部分です。

例）管理員室や集会室、建物以外の別の場所の物置など

☆規約共用部分は登記をしないと、第三者に対抗することができません。

［3］共用部分の共有関係

共用部分は、区分所有者全員の共有となります。一部共用部分は、これを共用すべき区分所有者が共有していることになります。共用部分や一部共用部分については、規約で別段の定めをすることも可能です。

用語解説　一部共用部分
共用部分のうち、一部の区分所有者のみの共用に供されることが明らかな共用部分のことです。

例）マンションの 1 ～ 3 階が店舗部分の場合

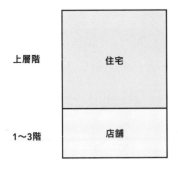

上層階	住宅
1～3階	店舗

一部共用部分
店舗部分の階段や廊下は、店舗の区分所有者のみの共用部分扱いとなる

［4］共用部分の持分の割合

共用部分の持分割合については、専有部分の床面積の割合によるとされていますが、規約で別段の定めをすることができます。なお、この共用部分の持分割合によって、共用部分の管理に必要な費用の負担額や、集会での議決権が割り当てられますが、こちらも、規約で別段の定めをすることができます。

●持分の割合

例）住戸数9戸のマンション

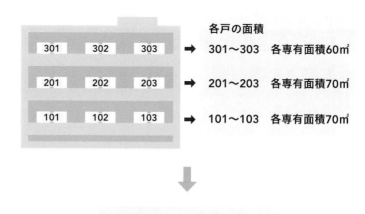

この場合

301号室の専有面積は60m²で
201号室の専有面積は70m²。
201号室の所有者の持分のほう
が多いということになる。

共用部分の持分の処分
専有部分を売却する場合、その専有部分に対応した共用部分の共有持分は、原則として専有部分と分離して処分することはできません。そのため、共用部分の共有持分についてだけを譲渡したり、抵当権を設定したりすることはできないのです。

［5］共用部分の変更・管理

共用部分の変更や管理を行う場合は、原則として集会決議が必要です。

●共用部分の変更と管理

	行為	内容	原則	規約による別段の定め	特別の影響(☆)を受ける者の承諾
変更	重大な変更	形状または効用の著しい変更を伴う変更 例）エレベーターの設置などの改築や集会室を廃止して賃貸の店舗に変更するなど	区分所有者および議決権の各$\frac{3}{4}$以上の集会の決議で決定	区分所有者の定数は過半数まで減らせる	必要
変更	軽微な変更	形状または効用の著しい変更は伴わない変更 例）階段の手すりをつけ変えるなど	区分所有者および議決権の各過半数の集会の決議で決定	できる	必要
管理	保存行為	破損した窓ガラスの取替え、廊下や階段のそうじなど	単独で可能	できる	不要
管理	管理行為	共用部分に損害保険契約をかける	区分所有者および議決権の各過半数の集会の決議で決定	できる	必要

☆特別の影響とは、特定の区分所有者に対して不利益を被らせることです。

例）重大変更を行う場合のマンションの集会の決議について

12戸のマンションで、Aが5戸、B〜Hが各1戸ずつ部屋を所有している場合
（各戸の床面積は均一とする）

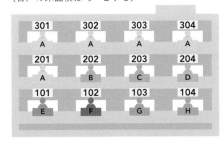

重大変更に必要な集会の決議は

区分所有者　8人の$\frac{3}{4}$以上 ＝ 6人以上が必要

議決権　12議決権の$\frac{3}{4}$以上 ＝ 9議決権
　　　　　　　　　　　　　　　　　以上が必要

●区分所有者は頭数 ⇒ 　　　8人

●議決権は1戸につき1個 ⇒ 　12議決権

☆この例では、各専有部分の床面積が均一のため、
　議決権は専有部分の戸数によって決まります。

ココに注意！

区分所有権を数人で共有している場合でも、区分所有者の人数は1人とカウントします。たとえば2人で共有していても、区分所有者は1人となります。

過去問を解こう

＼過去問 ①／

(平成24・問13-1)

 Q 共用部分の保存行為は、規約に別段の定めがない限り、集会の決議を経ずに各区分所有者が単独ですることができる。

A ○ 保存行為は共用部分の現状を維持するための行為（廊下や階段のそうじなど）なので、各区分所有者が単独で行うことができます。また、その費用は他の区分所有者に請求できます。

＼過去問 ②／

(令和2(10月)・問13-1)

Q 共用部分の変更（その形状又は効用の著しい変更を伴わないものを除く。）は、区分所有者及び議決権の各4分の3以上の多数による集会の決議で決するが、この区分所有者の定数は、規約で2分の1以上の多数まで減ずることができる。

A ✕ 問題文前半のとおり、区分所有法では原則として、共用部分の変更（その形状又は効用の著しい変更を伴わないものを除く。）は、区分所有者数および議決権の「各4分の3以上の多数による集会の決議で決することとしています。しかし、規約では、区分所有法の区分所有者の定数は、規約で「2分の1以上ではなく、「過半数」まで減ずることができる、としています。「過半数と「2分の1以上」は異なります。「2分の1以上」は、2分の1ちょうどの数字を含みますが、過半数は2分の1ちょうどの数字を含まず、2分の1を超える大きな数字となるからです。

3 マンションの敷地

［1］敷地について

建物が建っている敷地を法定敷地といいます。それ以外の駐車場などの敷地も規約で定めることで、規約敷地として管理の対象にできます。

①法定敷地	建物が所在している土地のこと
②規約敷地	規約で建物の敷地と定められた土地のこと。規約敷地は、区分所有権を持っている区分所有者が法定敷地とともに管理・使用している土地であることが必要

●法定敷地と規約敷地

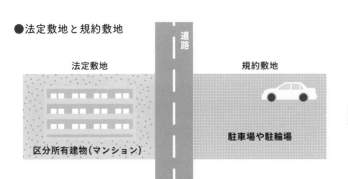

法定敷地　道路　規約敷地

区分所有建物（マンション）　駐車場や駐輪場　道路をはさんだ土地を駐車場などに利用

［2］敷地利用権

マンションの専有部分を所有するには、敷地の利用権が必要になります。この権利を敷地利用権といいます。敷地利用権は所有権、借地権の場合もあります。

●分離処分の禁止

原則として、区分所有者は、その専有部分とその専有部分に係る敷地利用権とを分離して処分することはできません。ただし、規約で別段の定めがある場合には、例外的に専有部分と敷地利用権を分離して処分することが可能です。

共用部分　A　B　C

専有部分譲渡　→　敷地利用権の分離処分はできない

☆A、B、Cは、マンションの敷地の土地の所有権を共有しています。

> 敷地利用権が数人で有する所有権その他の権利である場合には、区分所有者は、規約で別段の定めがあるときを除き、その有する専有部分とその専有部分に係る敷地利用権とを分離して処分することができる。

A ✕ 専有部分と専有部分に係る敷地利用権を分離して処分することは原則的に禁止されています。規約で別段の定めがある場合のみ、分離処分が可能です。

4 管理

［1］管理組合とは

管理組合とは、マンションの建物ならびにその敷地、附属施設の管理を行うための団体のことです。区分所有者は自動的に管理組合の構成員になります。賃借人の場合は、管理組合の構成員とはなりません。

［2］管理者

管理者とは、マンションの共用部分や建物の敷地、附属施設を管理するために選任された者のことです。管理者は規約で別段の定めがない限り、集会で選任、解任することができ、区分所有者以外の者からでも選任が可能です。

ココに注意！

 管理者はマンションの管理人のことではありません。混同しないように。

［3］管理組合法人

管理組合は法人化することが可能です。そのためには、次の成立要件が必要です。また、理事および監事を設置する必要があります。

管理組合法人の成立要件
①集会において、区分所有者および議決権の各4分の3以上の多数で、「法人となること」「その名称及び事務所」を決議すること
②事務所の所在地で、設立の登記をすること

理事：管理組合法人を代表する人のこと
監事：管理組合法人の財産状況や理事の業務執行状況の監査等の職務を行う人のこと

5 規約

[1] 規約事項

規約とは、マンションの居住者間で守らなくてはならないルールのことです。たとえば、ペットの飼育をしてもよい、用途は住居用のみ、といった内容を規約として定めることができます。この規約は、区分所有者だけでなく、区分所有者の特定承継人（区分所有者から区分所有権を買った者など）や占有者（専有部分を借りて住んでいる者）も守らなくてはなりません。規約は、書面または電磁的記録などで作成し、保存をします。

[2] 規約の設定、変更および廃止

規約の設定、変更および廃止は、区分所有者および議決権の各4分の3以上の多数による集会の決議によってします。規約の設定、変更または廃止が一部の区分所有者の権利に特別の影響（不利益を与えることなど）を及ぼすときは、承諾を得なければなりません。

●特別の影響

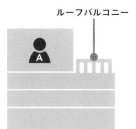

ルーフバルコニー

ルーフバルコニーの専用使用権を与えられているAが規約の変更などでルーフバルコニーを使えなくなる

↓

Aに不利益となるので、特別の影響を及ぼすことになる

［3］公正証書による規約の設定

規約は、原則として区分所有者がマンション購入後に集会の決議で設定するものですが、最初に専有部分の全部を所有する者（新築マンションの分譲主）は、一定の事項に限り、公正証書によって先に規約を設定することができます。

公正証書であらかじめ規約として設定できる事項
①規約共用部分に関する定め
②規約敷地の定め
③専有部分と敷地利用権の分離処分を可能とする定め
④敷地利用権の共有持分の割合に関する定め

ココに注意！

中古マンションの場合、新たに規約を設定することはできません。

［4］規約の保管および閲覧

❶規約の保管

規約は、管理者が保管しなければなりません。管理者がいないときは、建物を使用している区分所有者またはその代理人で規約または集会の決議で定める者が保管します。

保管者	●管理者が定められているとき ⇒	管理者
	●管理者がいないとき ⇒	①区分所有者
		②区分所有者の代理人

☆建物の使用者のなかから、規約または集会の決議で選任された者です。

❷閲覧

規約を保管する者は、利害関係人の請求があったときは、正当な理由がある場合を除いて、規約の閲覧を拒むことはできません。

保管場所	規約の保管場所は、建物内の見やすい場所に掲示しなければなりません。規約の保管者が掲示する義務を負います。

Q 管理者は、利害関係人の請求があったときは、正当な理由がある場合を除いて、規約の閲覧を拒んではならない。

A ○ 問題文のとおりです。利害関係人からの請求があれば、正当事由がない限り、管理者は規約の閲覧を拒んではいけません。

6 集会

[1] 集会とは

マンションの建物や敷地、附属施設の管理についての事項を決定するため、年1回一定の時期に招集する区分所有者の集会のことです。集会は総会とも呼ばれています。

[2] 集会の招集

原則として、管理者は少なくとも毎年1回、集会を招集しなければなりません。区分所有者の5分の1以上で議決権の5分の1以上を有する者は、管理者に対し、会議の目的たる事項を示して集会を招集することができます。この定数は規約によって減ずることが可能です。

☆管理組合法人の理事も同じ招集義務を負います。なお、管理者が置かれていない場合は、招集義務はありません。

●管理者がいない場合

区分所有者の5分の1以上かつ議決権の5分の1以上を有する者は、直接集会を招集することができます。

[3] 招集通知

集会を開くには、いつ、どこで行うかということのほかに、会議の目的である事項を、あらかじめ区分所有者に通知しなくてはなりません。

❶集会の招集通知

会日より少なくとも1週間前に会議の目的たる事項を示して、各区分所有者に通知しなくてはなりません。規約で通知期間は伸縮できます。建物内に住所を有する区分所有者や、招集通知を受けるべき場所を管理者に通知していない区分所有者には、規約に特別の定めがあるときは、建物内の見やすい場所に掲示して通知することができます。

ココに注意！

管理者に対して通知を受ける場所を伝えている区分所有者には、個別に通知します。

❷建替え決議の場合

会日より少なくとも2カ月前に招集通知を発する必要があります。この場合、2カ月前という期間は伸長することはできても、短縮はできません。建替え決議についてはp229参照。

❸全員の同意がある場合

区分所有者全員の同意があるときは、招集手続きは省略可能です。

❹議案の要領の通知

会議の目的である事項が下記のような共用部分の重大変更などの場合は、議案の要領（決議の内容をまとめたもの）もあらかじめ通知する必要があります。

議案の要領
①共用部分等の重大変更
②規約の設定、変更および廃止
③大規模滅失の場合の復旧
④建替え　など

[4] 決議事項の制限

集会では、**原則として、あらかじめ通知した事項についてのみ決議することができ
ます**。規約で別段の定めをすれば、あらかじめ通知していない事項の決議も可能で
すが、普通決議事項に限られます。

[5] 議決権

議決権とは、集会での決議事項に対して、賛成や反対を示して管理組合の意思決定
に関わる権利のことです。各区分所有者の議決権は、各区分所有者の共用部分の持
分の割合によります（p218参照）。規約による別段の定めがない場合、所有する専
有部分の床面積の割合ということになります。

❶議決権の行使

議決権は書面で、または代理人によって行使することができます。なお、1つの区分所有権
を夫婦など複数人で共有している場合は、議決権を行使する者を1人決める必要がありま
す。

❷電子メールなどでの議決権行使

区分所有者は区分所有法や規約により集会において決議をする場合は、書面に代えて、電子
メールなどでの電磁的方法による決議が可能です。

\ 過去問を解こう /

（平成18・問16-2）

 Q 集会においては、区分所有法で集会の決議につき特別の定数が定められて
いる事項を除き、規約で別段の定めをすれば、あらかじめ通知した事項以
外についても決議することができる。

 A **○** 規約で別段の定めをすれば、あらかじめ通知した事項
以外でも決議することができます。ただし、区分所有
法で集会の決議につき特別の定数（特別決議の4分の
3以上や建替え決議の5分の4以上など）が定められて
いる事項は除きます。

7 決議の要件

決議する事項によって、必要な賛成者の数は異なります。

●決議の要件

決議する事項	決議の要件
❶普通決議(特別決議・建替え決議以外)	区分所有者および議決権の各過半数
❷特別決議	区分所有者および議決権の各 $\frac{3}{4}$ 以上
❸建替え決議	区分所有者および議決権の各 $\frac{4}{5}$ 以上

❶普通決議(特別決議・建替え決議以外)

普通決議事項
①管理者の選任、解任や管理会社の変更など
②義務違反の区分所有者または占有者に対する行為の停止等についての請求の訴えの提起
③小規模滅失(建物価格の2分の1以下の滅失)の復旧
④共用部分の変更(その形状または効用の著しい変更を伴わないもの)や管理
⑤その他

❷特別決議

特別決議事項
①共用部分の重大変更
②規約の設定、変更、廃止
③管理組合法人の設立、解散
④義務違反者に対する専有部分の使用禁止請求、競売請求など
⑤大規模滅失(建物価格の2分の1を超える滅失)の復旧

☆①の事項は、区分所有者の定数のみ、規約でその過半数まで減じることができます。

❸建替え決議

建物を取り壊し、かつ、その建物の敷地もしくはその一部の土地またはその建物の敷地の全部もしくは一部を含む土地に新たに建物を建築する旨の決議のことです。**建替え決議の招集通知は、会日より少なくとも2カ月前に発する必要があります**（p226参照）。

過去問を解こう

（平成21・問13-3）

建替え決議を目的とする集会を招集するときは、会日より少なくとも2月前に、招集通知を発しなければならない。ただし、この期間は規約で伸長することができる。

建替え決議の集会の場合、会日より少なくとも2カ月前に招集通知を発する必要がありますが、期間は規約で伸長することは可能です。短縮はできません。

8 議事録

[1] 議事録の作成

集会においては、管理者または集会を招集した区分所有者の1人が議長となります。集会の議事について、**議長は、書面または電磁的記録により、議事録を作成する必要があります。議事録が書面で作成されているときは、議長および集会に出席した区分所有者の2人（議長を含めた3人）がこれに署名しなければなりません。**

[2] 議事録の保管および閲覧

❶議事録の保管

議事録は、管理者が保管しなければなりません。管理者がいないときは、建物を使用している区分所有者またはその代理人で規約または集会の決議で定めるものが保管します。

保管者	●管理者が定められているとき ⇒	管理者
	●管理者がいないとき ⇒	①区分所有者
		②区分所有者の代理人

☆建物の使用者のなかから、規約または集会の決議で選任された者です。

❷閲覧

議事録を保管する者は、規約と同様に利害関係人の請求があったときは、正当な理由がある場合を除いて、議事録の閲覧を拒むことはできません。

保管場所	議事録の保管場所は、建物内の見やすい場所に掲示しなければなりません。

過去問を解こう

（平成27・問13-3・改）

 集会の議事録が書面で作成されているときは、議長及び集会に出席した区分所有者の1人がこれに署名しなければならない。

  ✕ 集会の議事録が書面で作成されていたら、集会に出席した議長および集会に出席した区分所有者の2人が署名しなければなりません。

講義18

不動産登記法

「不動産の所有者が誰かを示すための記録」が
不動産登記です。
不動産登記法については必ず試験で1問出題されますが、
範囲が広く覚えることが多いため、
まずは、手続きや申請方法、登記簿の種類に絞って
勉強していくほうが効率的でしょう。

1 不動産登記

〔1〕不動産登記とは

不動産登記とは、「その不動産について、誰がどのような権利を持っているのかを示すための記録」と考えておくとわかりやすいでしょう。これまでに、**講義5「物権変動」**（p54～参照）などでも取り上げましたが、たとえば第三者に対して、「この土地は、○○さんから私が買ったもので、現在は私が所有しています」と主張（対抗）する場合に重要となります。なお、登記は、登記官が不動産登記簿に登記事項を記録することによって行います。

〔2〕不動産登記簿（登記記録）の内容

不動産登記簿（登記記録）は、一筆の土地、一個の建物ごとに作られます。現在は登記事項を電子データとして作成し、磁気ディスクで保存します。登記記録は、表題部と権利部に、権利部のなかでは甲区と乙区に分かれています。

●登記簿は土地と建物とそれぞれ必要

●登記簿の内容

❶表題部

土地や建物の物理的な状況が記録される部分です。表題部に登記されている登記記録は「表示に関する登記」といい、不動産の所有者には登記申請義務があります。たとえば建物を新築した場合、その日から1カ月以内に、表題登記を申請しなければなりません。

●表題部の例

土地

所在、地番、地目、地積などが記録されます。

（土地）

表題部　（土地の表示）		調整	余白	不動産番号	○○○○○○
地図番号	余白	筆界特定	余白		
所　　在	○○区○○町			余白	
①地番	②地目	③地積㎡		原因及びその日付〔登記の日付〕	
×番×	宅地	200	50	×番から分筆 〔令和××年××月××日〕	

建物

所在、種類、構造、床面積などが記録されます。

（建物）

表題部　（主である建物の表示）		調整	余白	不動産番号	○○○○○○
所在図番号	余白				
所　　在	○○区○○町　×番地×			余白	
家 屋 番 号	×番×			余白	
①種類	②構造	③床面積㎡		原因及びその日付〔登記の日付〕	
居宅	木造スレートぶき2階建	1階　70	56	令和××年××月××日新築	
		2階　63	32	〔令和××年××月××日〕	
所 有 者	○○区○○町 ×番×号　○　○　○　○				

234

❷権利部

所有権の保存、抵当権の設定など、不動産の権利に関する事項が記録される部分です。記入欄は甲区と乙区に分かれています。権利部に登記されている登記記録は「権利に関する登記」といいます。原則として、権利部に記録された権利については、第三者に対抗することができます。甲区には所有権についての登記、乙区には所有権以外の権利(抵当権など)について記録されます。

甲区の登記事項

所有権についての物権変動(保存、設定、移転、変更など)の事項が記録されています。

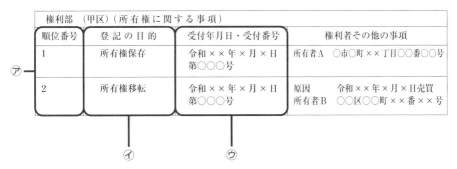

権利部 　(甲区)(所有権に関する事項)			
順位番号	登 記 の 目 的	受付年月日・受付番号	権利者その他の事項
1	所有権保存	令和××年×月×日 第○○○号	所有者A　○市○町××丁目○○番○○号
2	所有権移転	令和××年×月×日 第○○○号	原因　　　令和××年×月×日売買 所有者B　○○区○○町××番××号

㋐順位番号

登記申請の順に番号がふられます。

㋑登記の目的

保存、移転など、所有権について、どのような変動の記録なのかが書かれてます。

㋒受付年月日・受付番号

登記の年月日が受付番号とともに、記録されます。

所有権以外の権利（抵当権、地上権、地役権、賃借権など）に関する登記事項が記録されています。

権　利　部　（乙区）（所有権以外の権利に関する事項）			
順位番号	登記の目的	受付年月日・受付番号	権利者その他の事項
1	抵当権設定	令和××年×月×日 第○○○号	原因　　　令和××年×月×日 金銭消費貸借同日設定 債権額　金6,000万円 損害金　年15% 債務者　○○区○○町○番○号 　A 抵当権者　○市○町○丁目○番○号 虎ノ門銀行株式会社
2	1番抵当権抹消	令和××年×月×日 第○○○号	原因　　　令和××年×月×日弁済
3	根抵当権設定	令和××年×月×日 第○○○号	原因　令和××年×月×日設定 極度額　金4,000万円 債権の範囲　銀行取引　手形債権 　　　　　　　小切手債権 債務者○○区○○町×番×号 　B 根抵当権者　○市○町×丁目×番 株式会社神谷町銀行 （取扱店　○○支店）

☆登記簿の下線は、すでに登記が抹消されていることを示しています。

⑦順位番号

登記申請の順に番号がふられます。

⑦登記の目的

何の権利について、どのような変動の記録なのかが書かれています。

⑦権利者その他の事項

登記原因や権利者のほか、たとえば抵当権であれば、債権額や債務者など、登記される権利によってさまざまな事項が記録されます。

●登記手続きの流れ

①表示に関する登記(表題部)を行う

↓

②権利に関する登記(権利部)の甲区に所有権保存登記をする

↓

③権利に関する登記(権利部)の乙区に所有権以外の登記をする

☆他の人に所有権を移転した場合は、所有権移転登記をします。③はないこともあります。

登記した権利の優劣
権利の優劣(順位)は、第三者への対抗要件において重要となります。同区内(甲区と甲区、乙区と乙区)にした登記は、順位番号で優劣が決まります。別区にした登記の優劣は、受付番号で決まります。

ココに注意!

①の表示に関する登記(表題部)は、登記申請義務がありますが、②、③の権利に関する登記については登記申請義務はありません。そのため、表示に関する登記(表題部)のみが存在し、権利に関する登記(甲区・乙区)がないという場合もあります。なお、甲区がない(所有権の登記がない)場合、便宜的に表題部に所有者の氏名や住所が記載されます(p234の建物の表題部を参照)。

［3］登記事項証明書等の交付

誰でも手数料を納付すれば、登記記録に記録されている事項の全部または一部を証明した書面（登記事項証明書など）の交付を請求できます。法務局の窓口で交付申請するほか、インターネットを利用して、登記情報を確認することもできます。

登記情報の公開方法
①登記事項証明書や登記事項要約書の交付
②地図、建物所在図などの全部または一部の写しの交付
③地図などの閲覧
④登記簿の附属書類のうち政令で定める図面の全部または一部の写しの交付
　（政令で定める図面以外の登記簿の附属書類の閲覧請求は、請求人に正当な理由があると認められる部分に限る）

ココに注意！

登記事項の交付や閲覧、筆界特定書（一筆の土地と隣接する土地との境界線を特定した書類）の写しは、利害関係の有無を問わず、誰でも交付の請求をすることができます。

＼過去問を解こう／　　　　　　　　　　　　　　　　　　　　　　　　　（平成27・問14-1）

 登記事項証明書の交付の請求は、利害関係を有することを明らかにすることなく、することができる。

  利害関係の有無を問わず、手数料を納付して、登記事項証明書の交付請求が可能です。

② 登記の申請手続き

［1］申請主義

登記は、所有者などの当事者による申請か、官庁もしくは公署の嘱託による登記申請によって行われます。これを申請主義といいます。

表示に関する登記

申請義務があります。原則として、次の項目に該当する場合は1カ月以内に所有者が申請することになっています。表示に関する登記については申請主義の例外があり、その不動産の現況を把握するために必要であることから、所有者が登記申請をしないときは、登記官が職権で行うことができます。

表示に関する登記を行う場合
①表題登記がない土地や新築建物を取得した場合
②土地や建物が滅失した場合
③土地の地目や地積、建物の種類や構造、床面積に変更があった場合

権利に関する登記

申請義務はありません。当事者か、官庁もしくは公署の嘱託による登記申請で行われます。原則として、登記官が職権で登記を行うことはありません。

ココに注意！

登記申請をする者の委任による代理人（司法書士など）の権限は、本人の死亡によって消滅することはありません。

> 新たに生じた土地又は表題登記がない土地の所有権を取得した者は、その所有権の取得の日から1月以内に、表題登記を申請しなければならない。

 𝐴 〇 新たに生じた土地または表題登記がない土地を取得した場合は、所有権の取得の日から1カ月以内に表題登記の申請を行わなければなりません。

［2］共同申請主義

権利に関する登記の申請は、登記権利者と登記義務者が共同で申請するのが原則です。これを共同申請主義といいます。不正や間違いを防ぐための重要な登記手続き上の制度です。たとえば、土地の売買などで所有権が移転した場合であれば、買主が登記権利者、売主が登記義務者となります。

●共同申請主義
例）土地の売買によって所有権を移転した事実を登記する場合
　　⇒その土地の売主が登記義務者、買主が登記権利者となります。

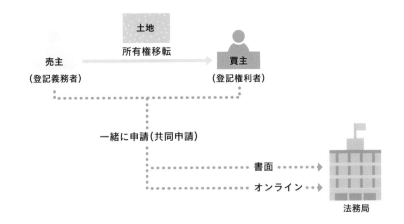

原則

権利に関する登記は、登記権利者と登記義務者が共同で申請します。

例外

次の場合は単独で申請が可能です。

単独申請ができる場合
①登記手続きをすることを命ずる確定判決による登記
②相続または法人の合併による権利の移転の登記
③登記名義人の氏名・住所の変更の登記または更正の登記
④所有権の保存の登記
⑤仮登記の抹消
⑥仮登記義務者の承諾があるとき、仮登記を命ずる処分があるときの仮登記

など

過去問を解こう

（平成17・問16-1）

 登記の申請を共同してしなければならない者の一方に登記手続をすべきことを命ずる確定判決による登記は、当該申請を共同してしなければならない者の他方が単独で申請することができる。

   登記手続きをすべきことを命ずる確定判決による登記の場合、裁判所の判決に基づく、他方の単独申請が可能です。

［3］申請手続き

❶書面申請とオンライン申請

登記申請は、書面申請とオンライン申請（電子申請）に限られています。書面での申請については郵送による申請も可能です。

❷申請情報と添付情報

登記の申請にあたっては、「申請情報」と「添付情報」を提出します。「申請情報」とは、不動産を特定するために必要な事項、申請人の氏名または名称、登記の目的その他の事項です。「添付情報」とは、売買契約書などのことです。

申請情報

不動産を特定するために必要な事項、申請人の氏名または名称、登記の目的その他の事項

申請情報
①申請人の住所・氏名・代理人の住所・氏名
②登記の目的、登記原因およびその日付
③土地について
　⇒土地の所在、地番、地目、地積など
④建物について
　⇒建物の所在、家屋番号、建物の種類・構造・床面積、附属建物があるときは、その所在、種類・構造・床面積など

添付情報

申請情報の記載内容を証明する書面のこと

●添付情報の代表例

（1）登記原因証明情報（売買契約書など）

権利に関する登記では、申請時に登記原因証明情報の添付が必要です。登記原因証明情報とは、申請された内容に間違いがないことを証明する書面です。登記事項が正しいことを裏付けるために、提供が定められていますが、表示に関する登記の場合、登記原因証明情報の提供は不要です。

例）AとBが建物の売買契約を締結し、AからBへと所有権が移転した場合

⇒登記原因証明情報として、売買契約書の写しを法務局へ提出します。

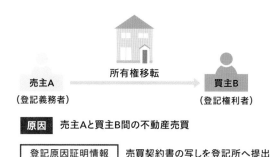

所有権移転		
売主A		買主B
（登記義務者）		（登記権利者）

原因 売主Aと買主B間の不動産売買

登記原因証明情報 売買契約書の写しを登記所へ提出

ココに注意！

抵当権の設定の登記をするときには、抵当権設定契約書が必要です。

＼ 過去問を解こう ／

（令和4・14-1）

Q 所有権の移転の登記の申請をする場合には、申請人は、法令に別段の定めがある場合を除き、その申請情報と併せて登記原因を証する情報を提供しなければならない。

   所有権の移転の登記申請であるため、申請情報と併せて登記原因を証する情報提供（売買であれば売買契約書などの提出）が必要です。

（2）登記識別情報

登記名義人（たとえば所有者）が登記を申請する場合には、原則として登記識別情報を提供する必要があります。登記識別情報とは、登記名義人が自ら登記をしていることを証明するためのパスワードのことです。登記識別情報は登記完了後、申請人に対して通知されます。なお、登記識別情報は紛失しても、再発行はされません。

●登記識別情報通知

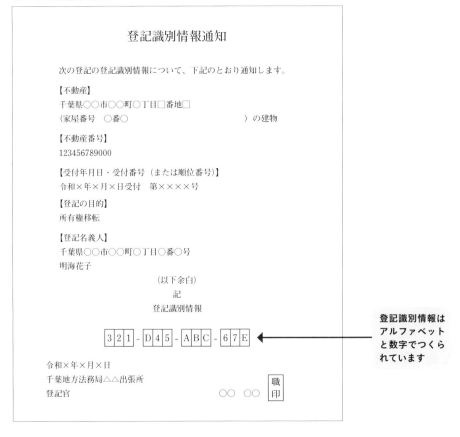

登記識別情報は
アルファベット
と数字でつくら
れています

❸登記識別情報を提供できない場合

登記識別情報を提供できないときには、次の方法で本人確認の手続きをします。

（1）登記官による事前通知

登記官から登記義務者に対して、確認のための通知をします。通知を受けた者は、定められた期間内に申し出なければ、登記をすることはできません。

（2）代理人による本人確認

司法書士などの代理人から登記の申請があった場合、代理人から登記官に対して、本人確認のための必要な情報の提供があり、登記官が承認すれば、本人への事前通知はされません。

過去問を解こう

過去問 ①

（平成26・問14-1）

Q 表示に関する登記を申請する場合には、申請人は、その申請情報と併せて登記原因を証する情報を提供しなければならない。

A ✗ 表示に関する登記の場合は、登記原因を証する情報の提供は不要です。提供が必要となるのは、権利に関する登記の申請時です。

過去問 ②

（令和4・問14-3）

Q 所有権の移転の登記の申請をする場合において、登記権利者が登記識別情報の通知を希望しない旨の申出をしたときは、当該登記に係る登記識別情報は通知されない。

A ○ 原則として登記官は、自らが登記名義人となる申請人に対し、登記識別情報を通知しなければなりませんが、申請人があらかじめ通知を希望しない旨の申出をした場合は、通知されません。

3 登記の分類

［1］登記の記録内容による分類

登記は記録内容によって下記のように分類されます。

●登記の分類

保存登記	最初にされる所有権の登記。表題部所有者やその相続人などの一般承継人、判決によって所有権を有することが確認されたものが申請できる **例）** 所有権の保存の登記
移転登記	既存の権利を移転したときに行う登記のこと **例）** 所有権の移転の登記
変更登記	登記事項に変更があったときに行う登記のこと **例）** 登記名義人の住所変更
更正登記	登記事項に錯誤または遺漏（間違いや記載もれ）があったときに訂正する登記のこと **例）** 住所の誤記
抹消登記	既存の登記された権利が消滅したときに、その登記の抹消を目的として行う登記のこと **例）** 抵当権の消滅
設定登記	既存の権利以外に、新たな権利を設定したときに行う登記のこと **例）** 抵当権の設定の登記

4 分筆登記と合筆登記

[1] 分筆登記

分筆とは簡単に言えば土地を分けることです。1つの土地を分割して、複数の地番の土地に分けます。

例）123番地を2筆に分ける場合

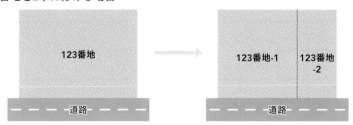

このように分筆をすることにより、登記簿も2つに分かれ、それぞれ別の土地として売買などを行うことができます。地主が土地の一部を売却したいときとか、宅建業者が大きな土地を仕入れて、分割して分譲したりするときはこのように分筆を行います。

ちなみに、「筆」というのは土地の数え方です。1つの地番の土地を、「一筆（ひとふで）」と数えます。それを分けるので、筆を分ける、つまり分筆というのです。

[2] 合筆登記

分筆と逆に、複数の地番の土地を1つの地番にまとめることを「合筆（がっぴつ）」といいます。

例）123番地と124番地を一つの地番にする場合

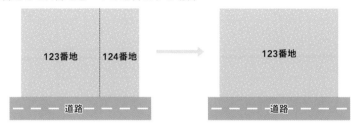

合筆登記をすると、どちらか一方の地番が残り、片方は消えます。残った方の地番の土地は面積が増えます。また消えたほうの地番の土地の登記簿は閉鎖されます。

合筆登記は、できないケースがいくつかあります。ここでは主要なものをいくつかあげます。

合筆登記ができないケース
・土地が互いに接していない場合
・接していても地番より上の住所が違う場合
　（例：○×町4丁目の土地と○×町3丁目に土地があるようなケース）
・登記簿の地目が違う場合
・所有者が異なる場合
・所有者の持ち分が異なる場合
・所有権の登記のある土地と無い土地
・抵当権などの登記のある土地

過去問を解こう

（令和元年・問14-2）

 Q 所有権の登記名義人が相互に異なる土地の合筆の登記は、することができない。

  A ◯ 所有権の登記名義人が相互に異なる土地の合筆の登記はできません。

5 仮登記

[1] 仮登記とは

本登記をするための手続き上の条件が揃わなかった場合や、あらかじめ本登記の順位を保全しておくために行う登記です。仮登記に対抗力はありませんが、後にされる本登記の順位を保全する効力があります。

[2] 仮登記ができる場合

❶条件が揃わない場合

所有権の移転など物権変動は生じているけれど、登記申請に必要な手続き（書類など）が揃っていない場合です。たとえば、関係者の協力が得られない、長期不在で連絡が取れないといった理由で、利害関係人の承諾を証する情報や登記識別情報が提供できないといったケースです。

❷請求権保全のため

売買予約の成立によって、所有権を移転するための請求権が発生している場合などに、その請求権を保全しておくため、つまり登記の順位を保全しておくために行います。

[3] 申請手続き

仮登記についても、登記権利者と登記義務者の共同申請が原則ですが、例外として、仮登記の登記権利者が単独で申請できる場合があります。

原則 登記権利者と登記義務者の共同申請

例外 登記権利者が単独で申請できる

①登記義務者の承諾がある場合
②裁判所の仮登記を命ずる処分または判決がある場合

ココに注意！

仮登記の申請には、共同申請でも単独申請でも、登記識別情報（登記済証）の提供は必要ありません。

Q 仮登記は、仮登記の登記義務者の承諾があるときは、当該仮登記の登記権利者が単独で申請することができる。

A ○ 仮登記の登記義務者の承諾があれば、仮登記の登記権利者による単独申請が可能です。

［4］仮登記から本登記にする場合

仮登記は、登記簿の権利部（甲区）に行います。まず仮登記がなされると、その欄の下に余白の欄がつくられます。この部分にあとで本登記を行うためです。本登記をする場合、登記上の利害関係を有する第三者がいる場合、その者の承諾が必要です。この第三者とは、仮登記が本登記になることで、不利益を被る利害関係人のことです。

●AがBに土地を売り、Bが仮登記、その後AはCにも土地を売却し、Cが所有権移転登記をする場合

⇒ Bが本登記をすると、Cの登記よりもBの仮登記のほうが早いので、Bの登記が優先されます。

［5］仮登記の抹消

仮登記の抹消についても、原則として登記権利者と登記義務者の共同申請によります。ただし、登記名義人または利害関係人からの単独申請が認められる場合があります。

原則 登記権利者と登記義務者の共同申請

例外 下記の場合は登記名義人または利害関係人が単独で申請できます。

①仮登記の登記名義人からの単独申請のとき
②利害関係人（仮登記の登記義務者、仮登記後に登記された所有権などの登記名義人）からの単独申請のとき

●仮登記を本登記にする場合

例）所有者AがBに建物を売却したけれど、Bが所有権の移転登記の申請に必要な書類が揃わず、仮登記をしたが、Aが第三者Cに家を売却した場合

Bが仮登記をした

順位番号	登記の目的	受付年月日・受付番号	権利者その他の事項
権 利 部 （甲区）（所有権に関する事項）			
㋐ 1	所有権保存	令和××年×月×日 第○○○号	所有者 ○市○町○丁目○番○号 A
㋑ 2	所有権移転 仮登記	令和××年×月×日 第○○○号	原因 令和××年×月×日売買 権利者B ○市○町○丁目○番○号
	余白	余白	余白
㋒ 3	所有権移転	令和××年×月×日 第○○○号	原因 令和××年×月×日売買 所有者C ○市○町○丁目○番○号

㋐Aが建物の所有権保存登記を行った。

㋑AとBで建物の売買契約をしたが、Bの登記申請に必要な書類が揃わず仮登記をした。
　⇒仮登記の欄の下の行は、後で記入するために「余白」と記載される。

㋒AがCに建物を売却し、本登記を行った。

Bが本登記をした

順位番号	登記の目的	受付年月日・受付番号	権利者その他の事項
権 利 部 （甲区）（所有権に関する事項）			
1	所有権保存	令和××年×月×日 第○○○号	所有者 ○市○町○丁目○番○号 A
㋓ 2	所有権移転 仮登記	令和××年×月×日 第○○○号	原因 令和××年×月×日売買 権利者B ○市○町○丁目○番○号
	所有権移転	令和××年×月×日 第○○○号	原因 令和××年×月×日売買 所有者B ○市○町○丁目○番○号
㋔ 3	所有権移転	令和××年×月×日 第○○○号	原因 令和××年×月×日売買 所有者C ○市○町○丁目○番○号

☆登記簿の下線は、すでに登記が抹消されていることを示しています。

㋓Bが仮登記に基づき、利害関係人Cの承諾を得て本登記を行った。

㋔Cの所有権が抹消される。

Bが所有権を取得

251

（平成25・問14-4）

 所有権に関する仮登記に基づく本登記は、登記上の利害関係を有する第三者がある場合には、当該第三者の承諾があるときに限り、申請することができる。

 A **○** 仮登記から本登記をする場合、登記上の利害関係を有する第三者がある場合には、その承諾が必要となります。

5 区分建物の登記

マンションのように各住戸ごとに区分された建物（区分建物）は、住戸つまり専有部分に所有権を設定できるので、各戸ごとに登記を行います。また、一棟全体についても登記を行います。このように、区分建物の場合は通常の建物の登記とは少し異なりますので、違いを押さえておきましょう。

［1］区分建物の登記

区分建物の登記簿の表題部については、「一棟の建物の表題部」と「専有部分の表題部」に分かれています。

●区分建物の表題部（一棟の建物）

⇒建物一棟すべての登記

⑦家屋番号

その区分建物が属する一棟の建物に属するすべての区分建物の家屋番号を記録します。

⑦当該建物または附属建物が属する一棟の建物の構造と床面積

そのマンション一棟全体の構造と、各階の床面積が記録されます。

⑨敷地権の表示

専有部分を所有するための建物の敷地に関する権利が敷地利用権です。登記された敷地利用権で、専有部分と分離して処分ができないものを敷地権といいます。「一棟の建物の表題部」には、敷地権の目的となっている土地を表示します。この欄には、敷地の所在、地番、地目、地積が表示されます。

●区分建物の表題部（専有部分）

⇒専有部分（各部屋）ごとの登記

表題部	（専有部分の建物の表示）				
家屋番号	○○区○○三丁目××番×の201			余白	
㋐ 建物の名称	201			余白	
㋑ ①種類	②構造		③床面積	㎡	原因及びその日付〔登記の日付〕
居宅	鉄筋コンクリート 造陸屋根1階建		2階部分 35	67	令和○年2月1日新築

表 題 部	（敷地権の表示）			
㋒ ①土地の符号	②敷地権の種類	③敷地権の割合	原因及びその日付 ［登記の日付］	
1・2	所有権	63429分の2399	令和○年2月1日敷地権	

㋓ 所 有 者	○市○町○丁目○番○号　株式会社○○建設

㋐建物の名称

専有部分の部屋番号が記録されます。

㋑床面積

専有部分の床面積が記録されます。なお、専有部分の面積は、**講義17「区分所有法」**(p214～参照)でも説明しましたが、マンションの専有部分の床面積は、壁その他の区画の内側線で測った面積（内法面積）となります。

㋒敷地権の表示

一棟の建物の表題部と同様に、専有部分の表題部にも敷地権の表示を行います。各部屋の敷地権の種類と持分割合が記録されます。

㋓所有者

マンションの場合、新築時の分譲業者（デベロッパー）が表題部登記をするので、表題部の所有者は分譲業者となります。マンションの購入者が、表題部所有者から専有部分の所有権を取得したら、直接所有権の保存の登記の申請ができます。

ココに注意！

通常の新築戸建てなどは、業者名で表題登記をしてしまうと、それを購入したお客さんは直接自分の名義で所有者の保存登記はできません。

（平成8・問16-2・改）

Q 区分建物の所有権の保存の登記は、表題部所有者から所有権を取得した者も、申請することができる。

  ○ 表題部所有者（新築時の分譲業者・デベロッパー）から所有権を取得した者（分譲マンションの購入者）は、所有権の保存登記を申請できます。

権利関係

講義18 不動産登記法

権利関係 さくいん

あ行

悪意 ……………………… 3
遺言 ……………………… 170
意思表示 ………………… 21
意思無能力者 …………… 7
遺贈 ……………………… 174
一部共用部分 …………… 217
一括競売 ………………… 83
委任 ……………………… 148
違約手付 ………………… 107
遺留分 …………………… 172
遺留分侵害額請求権 …… 173
請負 ……………………… 146
売主の担保責任 ………… 109
永小作権 ………………… 56
乙区 ……………… 233、236

か行

解除条件付契約 ………… 102
解約手付 ………………… 107
改良行為 ………………… 32
確定期限 ……………… 49、94
過失 ……………………… 4
過失相殺 ………………… 152
合筆登記 ………………… 247
仮登記 …………………… 249
監事 ……………………… 223
管理組合 ………………… 222
管理組合法人 …………… 222
管理行為 ………………… 68
管理者 …………………… 222
議決権 …………………… 227
危険負担 ………………… 98
議事録 …………………… 230
規約 ……………………… 223
規約共用部分 …………… 217
求償 ……………………… 128
共同申請主義 …………… 240

共同不法行為者の責任 …… 159
強迫 ……………………… 28
共有 ……………………… 67
共有物の分割 …………… 69
共有持分 ………………… 67
共用部分 ………………… 216
虚偽表示 ………………… 22
金銭債務 ………………… 97
区分所有者 ……………… 215
区分所有法 ……………… 215
区分建物の登記 ………… 252
契約 ……………………… 91
契約の解除 ……………… 99
契約不適合責任 ………… 109
検索の抗弁権 …………… 138
原状回復義務 …………… 101
限定承認 ………………… 168
検認 ……………………… 171
顕名 ……………………… 31
権利部 …………………… 235
合意更新 ……………… 189、204
更改 ……………………… 130
甲区 ……………… 233、235
公序良俗 ………………… 2
個人根保証契約 ………… 142
混同 ……………………… 131

さ行

債権 ……………… 5、55
債権譲渡 ………………… 115
催告権 ……………… 16、38
催告の抗弁権 ……… 138、140
債務 ……………………… 5
債務不履行 ……………… 94
詐欺 ……………………… 26
先取特権 ………………… 56
錯誤 ……………………… 24
敷金 ……………………… 183
敷地利用権 ……………… 221
時効 ……………… 45、134
時効の援用 ……………… 52
時効の完成猶予 ………… 50
時効の更新 ……………… 50
自己契約 ………………… 33
質権 ……………………… 56
指定相続分 ……………… 163

自働債権 ………………… 123
借地権 …………………… 187
借地借家法 ……………… 187
賃賃増減請求権 ………… 212
集会 ……………………… 225
従たる権利 ……………… 77
従物 ……………………… 77
主たる債務 ……………… 135
受働債権 ………………… 123
取得時効 ………………… 45
承役地 …………………… 56
条件付契約 ……………… 102
使用者責任 ……………… 154
使用貸借契約 …………… 185
消滅時効 ………………… 48
所有権 ……………… 46、56
所有の意思 ……………… 46
心裡留保 ………………… 21
随伴性 ……………… 75、137
制限行為能力者 ………… 8
成年被後見人 …………… 11
絶対効 …………………… 129
善意 ……………………… 3
善意・無過失 …………… 4
善意・有過失 …………… 4
善管注意義務 …………… 148
占有権 …………………… 56
占有の承継 ……………… 46
専有部分 ………………… 215
相殺 ……………… 123、130
相殺適状 ………………… 124
造作買取請求権 ………… 208
相続 ……………………… 161
相続人 …………………… 161
相続廃除 ………………… 167
相続放棄 ………………… 168
相対効 …………………… 132
双方代理 ………………… 33
双務契約 ………………… 91
贈与 ……………………… 145
相隣関係 ………………… 57
損害賠償額の予定 ……… 97
損害賠償請求 …………… 96

た行

代位弁済 ………………… 121

代価弁済 …………………… 86
代金減額請求権 ……………110
対抗 ………………………… 4
代襲相続 …………………… 166
代物弁済 …………………… 119
代理 ………………………… 31
代理権 ……………………… 31
代理権の消滅 ……………… 35
代理人 ……………………… 31
建替え決議 ……… 226、228
建物買取請求権 …………… 199
建物の滅失 ………………… 192
他人物売買 …………………112
単純承認 …………………… 168
担保物権 …………………… 55
地役権 ……………………… 56
地上権 ……………… 56、81
地代等増減請求権 ………… 201
賃貸借契約 ………………… 177
追完請求権 …………………110
追認 ………………………… 16
通行地役権 ………………… 57
定期借地権 ………………… 200
定期建物賃貸借 …………… 210
停止条件 …………………… 102
抵当権 ……………… 56、73
抵当権者 …………………… 73
抵当権消滅請求 …………… 87
抵当権設定者 ……………… 73
抵当不動産の第三取得者 … 86
手付 ………………………… 107
転貸 …………………………181
転抵当 ……………………… 89
天然果実 …………………… 77
登記義務者 ………………… 240
登記権利者 ………………… 240
登記識別情報 ……………… 244
登記事項証明書 …………… 238
動機の錯誤 ………………… 25
同時履行の抗弁権 ………… 92
特定遺贈 …………………… 175
特定財産承継遺言 ………… 175
特別決議 …………………… 228
土地工作物責任 …………… 157
取消し ……………………… 3
取消権 ……………………… 38

な行
任意代理 …………………… 32
根抵当権 …………………… 88

は行
配偶者 ………………………161
配偶者居住権 ……………… 170
配偶者短期居住権 ………… 169
背信的悪意者 ……………… 59
被担保債権 ………………… 73
必要費 ……………………… 178
被保佐人 …………………… 12
被補助人 …………………… 13
表見代理 …………………… 41
表題部 ……………………… 234
付加一体物 ………………… 76
不可分性 …………………… 74
不完全履行 ………………… 95
復代理 ……………………… 36
復代理人 …………………… 36
袋地 ………………………… 57
付従性 ……………… 74、136
負担付き贈与 ……………… 145
普通決議 …………………… 228
物権 ………………………… 55
物権変動 …………………… 58
物上代位性 ………………… 75
物上保証人 ………… 73、74
不動産登記 ………………… 233
不動産登記簿 ……………… 233
不法行為 ……………………151
不法占拠者 ………………… 59
分筆登記 …………………… 247
分別の利益 ………………… 139
変更行為 …………………… 68
弁済 ………… 73、119、129
包括遺贈 …………………… 174
報告義務 …………………… 148
法定果実 …………………… 77
法定共用部分 ……………… 217
法定更新 ………… 189、204
法定相続分 ………………… 163
法定代理 …………………… 32
法定代理人 ………………… 9
法定地上権 ………………… 81
法律行為 …………………… 2

補充性 ……………………… 138
保証契約 …………………… 135
保証債務 …………………… 135
保証人 …………… 135、136
保存行為 ………… 32、68

ま行
未成年者 …………………… 9
無権代理 …………………… 38
無権代理人 ………………… 38
無効 ………………………… 3
免除 ………………………… 133

や行
約定利率 …………………… 97
有益費 ……………………… 178
要役地 ……………………… 56
用益物権 …………………… 55
要素の錯誤 ………………… 24

ら行
履行遅滞 …………………… 94
履行の請求 ………………… 133
履行不能 …………………… 95
理事 ………………………… 223
留置権 ……………………… 56
利用行為 …………………… 32
連帯債権 …………………… 143
連帯債務 …………………… 127
連帯保証 …………………… 140
連帯保証の絶対効 ………… 142

- memo -

- memo -

- memo -